W0173818

In unseren Veröffentlichungen bemühen wir uns, die Inhalte so zu formulieren, dass sie Frauen und Männern gerecht werden, dass sich beide Geschlechter angesprochen fühlen, wo beide gemeint sind, oder dass ein Geschlecht spezifisch genannt wird. Nicht immer gelingt dies auf eine Weise, dass der Text gut lesbar und leicht verständlich bleibt. In diesen Fällen geben wir der Lesbarkeit und Verständlichkeit des Textes den Vorrang. Dies ist ausdrücklich keine Benachteiligung von Frauen oder Männern.

Dieser Titel ist entstanden in Zusammenarbeit mit der Arbeitsgemeinschaft für missionarische Arbeit mit Kindern (AMK), www.amk-online.eu.

Impressum

 Evangelisches
Jugendwerk in Württemberg

© 1. Auflage 2018
buch+musik ejw-service gmbh, Stuttgart 2018
Printed in Germany. All rights reserved.

ISBN Buch 978-3-86687-214-1
ISBN E-Book 978-3-86687-215-8

Lektorat: Punkt.Landung, Mirja Wagner, Marburg
Umschlaggestaltung: buch+musik – Heidi Frank, Stuttgart
Satzprogrammierung: X1-Publishing OHG, Walddorfhäslach
Bildrechte Umschlag: iStock, paci77
Bildrechte Inhalt: iStock, paci77, Rawpixel; fotolia, Neyro
Bildrechte Autorenfotos: bei den Autoren
Druck und Gesamtherstellung: Kösel GmbH & Co. KG, Altusried-Krugzell

www.ejw-buch.de

Christine Maier | Stefan Kaiser (Hg.)

WAS **JUNGS** **BRAUCHEN**

Entspannt in gemischten Gruppen

5 – 12
JAHRE

buch+
musik

INHALTSVERZEICHNIS

Das ist meine Lebenswelt

So bin ich

Das brauche ich

DAS IST MEINE LEBENSWELT

Hört mir auch mal jemand zu? Haaaalloooooo?!!?

Endlich raus und was machen!
So lange kann ich doch nicht sitzen!
Warum reden die immer so lange?
Mir raucht mein Kopf!

... IM PERSÖNLICHEN UMFELD

Die meisten Jungs fühlen sich in der Familie zu Hause. Hier bekommen sie im Normalfall Geborgenheit und Sicherheit und jemand hat ein offenes Ohr für ihre Anliegen. Die zentrale Erziehungsrolle übernimmt in vielen Fällen immer noch die Mutter und so kommt unweigerlich die Frage nach den männlichen Vorbildern auf.

In manchen Familien fehlt der Vater oder ist selten zu Hause. Damit haben Jungs kein direktes männliches erwachsenes Vorbild. Zwar übernimmt häufig auch die Mutter, der Bruder oder die Schwester eine Vorbildfunktion – und das kann gut oder schlecht sein –, Fakt ist aber, dass der Vater als männliche erwachsene Bezugsperson in diesen Fällen fehlt.

Aber auch wenn er da ist, muss das nicht bedeuten, dass die Rolle des männlichen Gegenübers gut ausgefüllt wird. Hier können „Ersatz-Väter" eine wichtige Rolle spielen, die dann einiges kompensieren. Oft ist das der Großvater oder eine andere männliche Bezugsperson aus dem näheren Familienumfeld.

Für Jungs sind erwachsene männliche Vorbilder von großer Bedeutung, um ihnen Sicherheit zu geben. In ihrem außerfamiliären Umfeld haben sie es häufig, gerade in Kindergarten und Grundschule, mit weiblichen Bezugspersonen zu tun. Doch je älter sie werden, kommen vermehrt andere Männer in ihr Leben, z. B. Lehrer, Trainer oder Jungscharmitarbeiter. Jede dieser männlichen Bezugspersonen ist unterschiedlich und hat ein anderes Verständnis vom „Mannsein". Wem soll der Junge also glauben, wie ein „echter Mann" zu sein hat?

Eng damit verknüpft ist die Sichtweise über die Rolle eines Jungen selbst: Wie darf, muss oder soll ein Junge sein? Auch hier kommen, je nach Bezugsperson, unterschiedliche Sichtweisen zum Vorschein, denen häufig eine Unsicherheit abzuspüren ist. Und so wird sich je nach Alter und Entwicklung der eine oder andere Junge fragen: Wer hat jetzt eigentlich recht?

Hier können auch Freunde eine Richtung geben, positiv oder negativ. Sie spielen für Jungs eine wichtige Rolle. Es gibt eine Sehnsucht nach einem echten „Kumpel". Man verabredet sich und genießt die Zeit außerhalb der Familie, denn der Lebensalltag kann mitunter stressig sein.

Neben der Schule stehen viele Aufgaben und Termine an: Hausaufgaben, Sport, Aufgaben im Haushalt. Manchmal sind Jungs deshalb ganz schön erschöpft. In vielen Fällen haben sie Geschwister. Das läuft oft gut, aber hin und wieder gibt es Konflikte, die sich verbal oder in körperlicher Auseinandersetzung äußern können. Dies kann den Alltag zusätzlich belasten. Sind keine Geschwister da, ist der Junge oft allein, geht seinen eigenen Weg oder schafft sich Kontakte zu Gleichaltrigen.

Zudem ist der Wohnraum der Familie nicht immer für den Jungen geeignet. Wie empfindlich sind die Nachbarinnen und Nachbarn, wie groß ist das Zimmer, ist ein Garten vorhanden? Jungs haben einen Drang nach „Draußen", sie wollen die Welt entdecken, Abenteuern nachgehen und brauchen dafür Platz. Nicht selten suchen sie ihr Abenteuer am Computer und an der Spielekonsole. Jungs können Stunden damit verbringen und im schlimmsten Fall interessiert sich niemand dafür. Wenn es gut läuft, finden sie den Weg nach draußen und haben dort Freude am Bauen und Werken, entdecken ihre Fähigkeiten und erlangen so Selbstwertgefühl.

STEFAN KAISER

... IN KINDERGARTEN UND SCHULE

Ob im Kindergarten oder in der Schule: Jungs macht es großen Spaß, sich zu bewegen. Am liebsten draußen, auf einem Klettergerüst, auf dem Rasen und im Wald. Nicht für alle, aber für viele, steht Fußballspielen an oberster Stelle. Krafteinsatz, Geschicklichkeit und Spannung, aber auch das Gefühl, zu einer Gruppe dazuzugehören, geben älteren Jungs ein erhebendes Gefühl. Heiß ersehnt sind die Pausenzeiten auf dem Schulhof und das Schulfach „Sport". Laufspiele, wilde Spiele, sich „Austoben", auch mal mit Verletzungen – bis zu einem gewissen Alter wird dieses körperliche Spielen sogar dem Smartphone vorgezogen. Wer jedoch nicht sportlich ist, kann diese Aktivitäten als ein „Bloßstellen" seiner Unsportlichkeit erleben.

Das Bauzimmer im Kindergarten und der Werkraum in der Schule machen Jungs zu Bau- und Werkmeistern. Bau- und Werkarbeiten, die einen Sinn ergeben, schenken ihnen das großartige Gefühl, „Macher" zu sein. Ab der dritten Klasse probieren die Schüler selbst gern etwas aus, lösen selbstständig mathematische Knobelaufgaben und meistern in Gruppenarbeiten herausfordernde Probleme. Sie möchten lernen, sich selbst zu helfen, wollen etwas können, beispielsweise Schlagzeug spielen, schauspielern oder Torwart sein. Dies kann ihr gesundes Selbstbewusstsein stärken.

Theoriefächer wie Lesen und Schreiben oder Fächer, in denen alles „vorgekaut" wird, empfinden Jungs meistens als langweilig. Man verlangt von ihnen, dass sie sich beim Lesen und Schreiben konzentrieren, doch wenn in der Nähe Lärm gemacht wird, müssen sie unbedingt schauen, was da los ist. Und schon wirken sie als diejenigen, die leicht ablenkbar sind. Meistens erleben sich Jungs nicht als die Ordentlichsten, die mit der schönsten Schrift oder die Künstlerischsten. Einige entwickeln sogar eine gewisse Angst vor Buchstaben oder vor einer verbalen Beteiligung am Unterricht. Doch es gibt auch die anderen, die eher schüchternen Jungs, die das Malen und Zeichnen bevorzugen.

Was aber für alle Jungs gilt: Es tut gut, im Kindergarten oder in der Schule verlässliche und gute Freunde zu haben, Freunde, die zu ihnen stehen.

Gerade im Kindergarten und in der Schule sowie in der Hausaufgabenzeit werden Jungs mehrheitlich von weiblichen Personen angeleitet, betreut und unterrichtet. Manche Schüler fühlen sich Mädchen gegenüber benachteiligt und haben den Eindruck, nicht gleichberechtigt und gerecht bewertet zu werden. Etliche ältere Jungs würden ihre Erfahrungen genau so formulieren: „Mädchen werden immer bevorzugt. Wir sind im Fach Deutsch nicht so gut und bekommen entsprechend schlechtere Noten. In Sport, da sind wir besser, aber die Mädchen werden dennoch nicht schlechter benotet. Unsere Argumente werden nicht einmal angehört."

(Ursache und Hintergrund der Gefühle eines Jungen im Kindergarten- und Grundschulalter sind im Kapitel „Entwicklungsphasen" und im Kapitel „Pädagogische Sichtweisen" erklärt.)

CHRISTINE MAIER

... IN DER GEMEINDE

Es sind zwei Welten, die da aufeinanderprallen, wenn Jungs am Sonntagmorgen auf Gemeinde oder Kirche treffen. Klar, es gibt ein paar, die wirklich gern in den Kindergottesdienst gehen, aber einige Jungs empfinden die Kirche oder Gemeinde als Einschränkung ihrer Entfaltung. Die Erfahrung zeigt, dass Jungs nicht allzu gern in einen Gottesdienst gehen, und das hat folgende Hintergründe:

In Kirchen und Gemeinden ist ein Rahmen vorgegeben, der wenig Raum für körperliche Betätigung bietet. Sitzen, Singen und Zuhören trifft nicht die Lebenswelt von Jungs. Sie wollen rennen und toben, stattdessen sollen sie ruhig sitzen und zuhören. Und das betrifft alle Altersklassen. Es fehlt am Sonntagmorgen an Spielen und Aktionen, da sie den Mitarbeitenden häufig als zu wild oder zu gefährlich erscheinen. Aber genau die sind wichtig für die Beziehungspflege mit Jungs. Jungs bauen ihre Beziehung mehr durch Aktionen auf als durch Kommunikation. Und damit wird der Grundsatz „ohne Beziehung keine Botschaft" in den Kirchen und Gemeinden schwer umsetzbar.

Weil es aber durch räumliche Gegebenheiten oder durch die Mitarbeitenden manchmal nicht anders möglich ist, gibt es „wortlastige" Kindergottesdienste, mit denen Jungs wenig anfangen können. Hier wird viel erzählt, es werden Fragen gestellt und die Geschichte schön ausgeschmückt. Das hat absolut seine Berechtigung, trifft aber auf Dauer nicht die Lebenswelt der Jungs. Ihr Leben beinhaltet Aktionen, Ausprobieren, Visuelles, Spiele und Werken. Sie brauchen Gottesbegegnungen zum „Anpacken" und Mitarbeitende, die Freiraum für Entfaltung lassen, ihnen Aufgaben zutrauen und gute Grenzen setzen. Aufgrund der Struktur des Kindergottesdienstes oder der Zusammensetzung des Mitarbeiterteams fehlen jedoch häufig elementare Bausteine in den Gruppenstunden, die Jungs brauchen.

Die Treffen am Sonntagmorgen werden häufig von Frauen geleitet, sodass ein männliches Gegenüber fehlen kann. Für manche Jungs erscheinen Mitarbeiterinnen manchmal als ängstlich und zurückhaltend und damit sind sie dann langweilig. Gerade Jungs testen gern Grenzen aus. Das fordert Mitarbeitende sehr heraus. Es entsteht Frust auf beiden Seiten. Vielleicht tritt das Gefühl bei Mitarbeiterinnen stärker auf, weil sie Angst haben, dass sie die Jungs schlecht in den Griff bekommen. Im Gegenzug suchen Jungs vergeblich ihre Grenzen und denken, dass die Mitarbeiterinnen zu „lahm" sind.

Gute Ansätze sind Mitarbeitende, die Jungs praktisch mit einbeziehen. Das verschafft einen Zugang zur biblischen Geschichte. Denn wo sollen sie sonst die Chance bekommen, eine Gottesbeziehung aufzubauen, wenn nicht dort? Christliche Gruppen schaffen eine gute soziale Bindung und bieten einen geregelten Rahmen. Hier können Jungs gerade durch Aktionen Werte vermittelt bekommen und ihren Glauben und ihr Profil stärken.

Darüber hinaus brauchen viele Jungs, aber auch Mädchen, logische Erklärungen und eine Transparenz, warum man in den (Kinder-) Gottesdienst geht. Diese müssen ehrlich und echt sein. Eine Beispielerklärung könnte sein: „Wir gehen in den Gottesdienst, weil es unserem Glauben guttut. Weil es eine Verabredung mit Jesus, unserem Freund, ist."

(Zum Thema Verkündigung für Jungs s. Kapitel „Eine spannende Verkündigung".)

TORSTEN WITTENBURG

... IN DER GESELLSCHAFT

Die Gesellschaft prägt Familien, Wohnorte, Schulen, Kirchen und Gemeinden. Und unser Lebensumfeld ist bunt und vielseitig.
Die Sinus-Milieu®-Studie 2017 teilt unsere Gesellschaft in zehn unterschiedliche Lebenswelten auf, die sich in Teilen überschneiden (s. SINUS Markt- und Sozialforschung GmbH, Heidelberg/Berlin 2017). Kinder begegnen in ihrem Umfeld armen und reichen Kindern, welchen, die „komische Klamotten" haben, und welchen, die cool gekleidet sind. Sie treffen in Kindergarten und Schule auf Bezugspersonen, die eher traditionell leben. Lernen aber ebenso den Wunsch nach Modernisierung und Individualität kennen, bis hin zu einem krassen Egoismus: „Jeder Mensch kann tun und lassen, was er will."

Wie Jungs, und natürlich auch Mädchen, unsere Gesellschaft wahrnehmen, wird von ihrem Wohnort, der Schule und ganz stark von der eigenen Familie beeinflusst. Ein Junge aus einer Einfamilienhaussiedlung ist überzeugt, dass zum Leben geregelte Arbeit, gesellschaftliche Ordnung und eine gute soziale Anbindung gehören. Ein Junge aus einem Hochhausviertel mit sozial schwachem Hintergrund ist vielleicht frustriert von der Gesellschaft und weiß, dass er um vieles kämpfen muss. Das Leben ist für ihn wie ein Hamsterrad aus Minijobs und Ämtern. Diese Beispiele sind nur exemplarisch und auf keinen Fall ein Standard.

Unsere Kirchen und Gemeinden sind oft traditionell, konservativ und bürgerlich und spiegeln nur einen kleinen Teil der Gesellschaft wider. Gott spielt in unserer Gesellschaft eine kleine oder gar keine Rolle mehr. Manche Kirchen und Gemeinden bieten Gruppen an, die so offen sind, dass Kinder aus christlich-bürgerlichen Kontexten und Kinder, die nicht so behütet aufwachsen, aufeinandertreffen. In allen Bereichen wird es dann für die Mitarbeitenden herausfordernd, weil Botschaft und Programm für beide Lebenswelten gestaltet werden müssen.

Zudem kann es unter den Kindern, Jungs und Mädchen, zu Konflikten oder Missstimmungen kommen, da es auch schon bei ihnen zwischen den einzelnen Lebenswelten wenig bis keine Überschneidungen geben kann.

Durch die sozialen Medien und eine größere Mobilität haben viele nur Kontakt zu Leuten auf ihrer „Wellenlänge". Das beginnt bei den Kindern, wird aber auch bei Erwachsenen bewusst oder unbewusst gelebt. Somit kann es Mitarbeitenden an Verständnis für die Lebenswelt mancher Jungs fehlen. Diese entdecken die Gesellschaft in dem Bereich, der sie interessiert: Fußball, Kampfsport, der PC, das Smartphone sind ihre Themen. Motorsport begegnet ihnen schon in Zeichentrickserien wie „Cars" oder „Planes". Hier wird die Welt der Jungs gut widergespiegelt: Konkurrenzkampf, den sie brauchen, um sich zu entwickeln, oder die Frage, wie sie mit Fehlern umgehen, Lösungen finden, auch mal verlieren können.

Egal wo die Kinder, Jungs wie Mädchen, sozial leben und wie sie geprägt wurden: Sie brauchen eine Gottesbeziehung. Aber jedes Kind hat durch sein gesellschaftliches Umfeld einen anderen Zugang zu Gott.

Es wird Zeit, dass Jungs nicht durch die Gesellschaft, sondern durch ein gutes christliches Umfeld in der Gesellschaft geprägt werden. Das kann nur geschehen, wenn Kirchen und Gemeinden sowie die dazugehörigen Gruppenstunden ein aktiver Teil unserer Gesellschaft werden.

TORSTEN WITTENBURG

... IN EINER ANDEREN KULTUR

Hassan kommt aus Syrien. Er lebt seit drei Jahren in Deutschland. Es ist so anders hier. Wenn seine Eltern sprechen, dann hört es sich viel schöner an, als wenn Deutsche sprechen. Es ist eine harte und komplizierte Sprache.

Zudem ist sein Familienleben völlig anders. Bei ihm zu Hause macht seine Mama alles für ihn und auch seine Schwester bedient ihn. Aber wenn er in der Schule ist, soll er tun, was die Lehrerin sagt. Dabei ist sie nur eine Frau. Es fällt ihm schwer, in der Schule mitzukommen. Die Hausaufgaben versteht er nicht und hat auch keine Lust dazu. Zu Hause findet er dazu eh keine Ruhe, weil seine kleinen Geschwister so laut sind. Es ist viel cooler, Fußball zu spielen.

Er hat das Gefühl, dass er nicht willkommen ist. Er wird ständig zurechtgewiesen. „Nur" weil er nicht ruhig auf dem Stuhl sitzt oder er ein Mädchen beschimpft hat. Ihm ist gar nicht klar, dass er damit das Mädchen beleidigt. Wenn ihn jemand beleidigt, dann muss er seine Ehre wiederherstellen und den anderen schlagen – oder zumindest auch und am besten ein bisschen mehr beleidigen.

Seine Eltern kümmern sich kaum um ihn. Er ist bis zum Abend draußen, denn Männer haben tagsüber im Haus nichts zu suchen. Bei ihm zu Hause läuft den ganzen Tag der Fernseher, immer ein syrisches Programm. Das ist ein Stück Heimat für sie, weil sie sich hier in Deutschland oft fremd fühlen. Er braucht immer Leute um sich herum. Er kann es nur schwer ertragen, allein zu sein. Er fühlt sich nur in der Gruppe gut.

Bei Hassan und seiner Familie ist es wichtiger, freundlich zu sein, als die Wahrheit zu sagen. Mit einem Nein kommt er immer nicht so gut zurecht. Er findet es verletzend. Ein Nein trifft ihn als Person. Für ihn ist es schwierig, wenn man seine Bitte ablehnt. In seiner Familie wird eine Bitte nie abgelehnt. Erst mal sagen alle Ja, auch wenn sie die Bitte eigentlich gar nicht erfüllen wollen.

Für Hassan ist es ein ganz neues Gefühl, dass sich Erwachsene für ihn interessieren und ihn fragen, wie es ihm geht und sich um ihn sorgen. Er hat auch, außer in der Schule und im Kindergottesdienst, noch nie erlebt, dass sich Männer um Kinder kümmern und mit Kindern spielen. Auch Frauen spielen nicht mit den Kindern. Sie sind dazu da, dem Mann zu dienen und die Familie zu versorgen. Der Mann ist viel klüger und besser als die Frau. Frauen sollen tun, was der Mann sagt. Seine Eltern sagen, er soll sich die Ohren zuhalten, wenn Geschichten aus der Bibel erzählt werden, gebetet wird oder Lieder von Gott gesungen werden. Das hat er zuerst auch gemacht. Aber er findet die Geschichten so spannend und so anders als die Geschichten, die er kennt.

Hassan aus Syrien ist nur ein Beispiel, wie es Jungs aus anderen Kulturen bei uns gehen kann. Dies kann bei jedem Jungen anders sein.

(Für mehr Informationen und Hintergründe s. Kapitel „Interkulturelle Hintergründe".)

FRANK FREDRICH

SO BIN ICH

Manchmal denk ich echt,
die kommen von einem
anderen Stern ...

Hääää, bin ich jetzt hier falsch,
oder was? Ich kapier gar nichts mehr ...
Wieso sind die jetzt so sauer?
Wir haben doch nur Spaß gemacht!

DIE KINDLICHE ENTWICKLUNG

Die Entwicklung des Menschen bezieht sich nicht nur auf seine Kindheit. Entwicklung ist ein lebenslanger Prozess, der im Mutterleib beginnt und mit dem Tod endet. Sie ist geprägt von einer Reihe körperlicher, geistiger und emotionaler Veränderungen. Diese können nebeneinander stattfinden, aber auch vor- oder nacheinander. Körperliche Veränderungen müssen also nicht zwingend mit der geistigen Entwicklung in Zusammenhang stehen.

Entwicklungsphasen

Für alle Phasen der Entwicklung gilt: Kinder sind keine kleinen Erwachsenen, sondern eben Kinder. Es hilft, sich in ihre Lage zu versetzen. Man kann sich die Frage stellen: Was hat mich zu dieser Zeit interessiert? Was war mir wichtig und was nicht? So kann man die Eindrücke der Kinder erfassen. Wichtig ist es, im Blick zu haben, was das jeweilige Kind kann und was noch nicht. Es soll nicht überfordert, aber auch nicht unterfordert werden. Meist ist es besser, den Kindern ab und zu etwas mehr zuzutrauen als zu wenig. Das Kind wird es schätzen, wenn ihm das Vertrauen geschenkt wird, etwas zu können, und wird sich umso mehr anstrengen, die Herausforderung zu meistern. Generell sind die Veränderungen (körperlich, emotional usw.) bei jedem Kind in einem unterschiedlichen Alter zu beobachten.

Erste Entwicklungsschritte

Die größten Entwicklungsschritte, wie z. B. laufen oder sprechen lernen, finden im Kleinkindalter statt. Aber auch in späteren Phasen des Lebens gibt es wichtige Entwicklungsschritte.

Die Entwicklung des Menschen wird bedingt durch genetische Faktoren (endogene Faktoren), die Umwelt (exogene Faktoren) und die Bedürfnisse des Menschen (autogene Faktoren). Das Zusammenwirken dieser drei Faktoren bedingt die Entwicklung der Persönlichkeit. (Vgl. Hobmair, Hermann: Pädagogik/Psychologie, Bd. 1 und Bd. 2, Bildungsverlag EINS, Köln [3]2011.)

Vorschulalter

Die grobmotorische Entwicklung ist in dieser Altersphase noch längst nicht abgeschlossen und doch kommt nun der Beginn von manchen feinmotorischen Entwicklungen hinzu (z. B. Stifte richtig halten). Generell kann man einen Unterschied zwischen Jungs und Mädchen erkennen: Während Jungs die Grobmotorik verstärkt vor der Pubertät entwickeln, bildet sich die Feinmotorik danach aus. Bei Mädchen ist es eher umgekehrt. (Vgl. Birkenbihl, Vera F.: Jungen und Mädchen: wie sie lernen., Walhalla, Regensburg [4]2009, 26 ff.) Der Bewegungsdrang ist in dieser Altersphase groß. Das liegt bei Jungs unter anderem daran, dass sich der Hormonspiegel von Testosteron zwischen vier und sieben Jahren erhöht. Für manche werden Mädchen langsam zu etwas „Ekligem", mit dem sie nichts zu tun haben möchten. Sie nehmen sich selbst als Junge wahr und möchten das tun, was ein Junge so tut. Jungs sind in dieser Phase emotional reizbar oder können leicht beleidigt sein, wenn etwas nicht so läuft, wie sie es wollen. Sie versuchen immer mehr, ihre Grenzen auszutesten. Freiheit ist ein wichtiges Gut, das auch Jungs in diesem Alter langsam kennenlernen. Sie müssen lernen, dass die Freiheit eines einzelnen Menschen da endet, wo die Freiheit eines anderen eingeschränkt wird. Deshalb brauchen Jungs in diesem Alter eindeutige Grenzen, die klar gesteckt werden müssen, manchmal auch öfter. (Vgl. Biddulph, Steve: Jungen! Wie sie glücklich heranwachsen, Heyne, München [5]2002.) Ein Beispiel wäre die Grenze, dass im Haus nicht gerannt werden darf. Dabei sollte immer erklärt werden, warum, und Möglichkeiten aufgezeigt werden, wo es möglich ist. Eine gute Alternative könnte das Rennen im Hof sein.

Lebensphase Schule

Mit sechs Jahren kommt die zweite große Veränderung im Leben des Kindes: der Schuleintritt. Es muss nun pünktlich in der Schule sein, sich an neue Regeln halten, der Freundeskreis verändert sich und die gewohnte Umgebung fehlt. In der Schule werden neue Anforderungen gestellt und mehr kognitive Leistungen erwartet. Zudem entstehen neue soziale Kontakte mit Gleichaltrigen, die nicht nur ein Nebeneinander-Spielen bedeuten, sondern zu einem Miteinander-das-Leben-Bestehen führen.

Die Kinder, Jungs und Mädchen, wollen nun langsam an der Welt der Erwachsenen teilnehmen. Sie sind zunehmend neugierig, wollen mit anderen zusammenarbeiten, etwas herstellen und dafür Anerkennung bekommen. Lob und Anerkennung sind zentrale Komponenten, die in dieser Lebensphase beginnen und bis ins hohe Alter anhalten.

Bei vielen Jungs ist die emotionale Entwicklung zeitlich etwas hinter der von Mädchen zurück. Die Bindung an eine einzelne Bezugsperson lässt noch nicht so schnell nach. So kann es passieren, dass Heimweh in bestimmten Situationen, z. B. in Gruppenstunden oder in der Schule, auftreten kann. Ab etwa neun oder zehn Jahren ändert sich dies und die Peergroup wird zunehmend wichtiger. Je mehr Kontakt zu Gleichaltrigen entsteht, desto zügiger tritt eine emotionale Reife ein. (Vgl. Petermann, Franz / Wiedebusch, Silvia: Emotionale Kompetenz bei Kindern, Hogrefe, Göttingen [2]2008.)

Das Verständnis für Zusammenhänge des Lebens entwickelt sich langsam, wobei Ironie und Sarkasmus noch schwerfallen. Das Kind kann mit bildlichen Vergleichen etwas anfangen, sich in die Situation anderer hineinversetzen und fängt langsam an, auch Gefühle nachempfinden zu können.

Entwicklung der Moral

Zu den geschilderten Entwicklungen kommt eine Vielzahl anderer Entwicklungen hinzu. Eine wichtige ist die der Moral, die im Kindesalter meist nur die ersten Stufen betrifft und sich im Jugendalter weiterentwickelt.

In erster Linie gelten bei Kindern die Moralvorstellungen von Autoritätspersonen, deren Ansprüchen und Regeln sie genügen wollen, um somit Strafen zu vermeiden. Kinder schlagen also nicht deswegen nicht, weil sie es selbst als unfair empfinden, sondern weil sie wissen, dass daraufhin eine Strafe folgt. Einen Schritt weitergehend möchten sie die eigenen Bedürfnisse und teils auch die Bedürfnisse von anderen stillen. Dieses Verhalten schauen sie sich meist von

Älteren ab. Indem sie die Bedürfnisse von anderen stillen, erwarten sie sich eine Gegenleistung, mit der dann auch ihr Bedürfnis gestillt wird. Bleibt diese Gegenleistung aus, deuten sie das meist als Unrecht. Es geht in dieser Form um ein „Geben und Nehmen", wobei die Sicht des Kindes sehr ichbezogen ist. Meist kann man dies beim Verschenken bzw. Ausleihen von Spielsachen oder dem Teilen von Essen beobachten: Das Kind erwartet eine gewisse Gegenleistung, es schenkt nicht einfach so um des Schenkens Willen. (Vgl. Kohlberg, Lawrence: Die Psychologie der Moralentwicklung, Suhrkamp, Berlin 1996.)

Entwicklung des Glaubens

Im Vor- und Grundschulalter, in einer Zeit also, in der Kinder einen Kindergottesdienst und/oder die Jungschar besuchen, entwickelt sich die Vorstellung eines eigenen Glaubens. In dieser Zeit werden eigene Erlebnisse durch Fantasie bildhaft in den Glauben integriert. Dabei werden Themen wie Tod, Trauer, Geborgenheit und Liebe zusammenhangslos in einzelne Geschichten übertragen und eingebettet. Das merkt man, wenn Kinder nach dem Hören einer biblischen Geschichte erzählen, dass sie so etwas auch schon erlebt haben. Sie knüpfen damit Zusammenhänge, die für Erwachsene manchmal nicht passend erscheinen.

Gott stellen sie sich als allmächtigen Vater vor, der so ähnlich wie der eigene Vater ist – menschenähnlich. Jesus ist ein guter Freund, der alles mit dem Kind teilt. Alle Berichte aus der Bibel, alle Erzählungen der Mitarbeitenden sind wahr. Sie können Mehrschichtigkeiten in Geschichten noch schwer begreifen und nehmen Gott als Herr über Himmel und Erde an.

Die Entfaltung des Glaubens kann von der Familie her geprägt sein und in einem Prozess oder aber durch eine bewusste Entscheidung stattfinden. Aus dem bedingungslosen Vertrauen auf Gott wird meist erst im jugendlichen Alter ein „erwachsener" Glaube, in dem eine Interaktion, ein Hinterfragen und eine persönliche Auseinandersetzung stattfinden kann, in dem auch Zweifel seinen Platz hat.

Der Zeitpunkt dieser Veränderung hängt sehr stark mit der Prägung und dem Wissen der Kinder ab und sollte begleitet werden. (Vgl. www.bit.ly/2oZYotx, letzter Zugriff am 02.03.2018.)

In allem gilt: Dem Glauben eines Kindes sollten die Mitarbeitenden genau wie Jesus unbedingt eine sensible Aufmerksamkeit schenken (Mt 18,1-6) und diesen Weg mit dem Kind gemeinsam gehen.

PASCAL WILKING

PÄDAGOGISCHE SICHTWEISEN

Die Wissenschaft hat sich mit verschiedenen Aspekten bezüglich des Verhaltens von Jungs in Gruppen und ihrer Wahrnehmung durch die Umwelt beschäftigt. An dieser Stelle sollen einige Aspekte herausgegriffen werden.

Jedes Kind ist einzigartig

Mitarbeitende nehmen Jungs in der Gruppe oft anders wahr als Mädchen. Das fängt schon bei der Begrüßung an. Wird jedes Kind, egal ob Junge oder Mädchen, vorurteilsfrei begrüßt und behandelt, ganz egal wie es aussieht, wie es heißt, woher es kommt, wie alt es ist oder wie dessen Eltern oder Geschwister sich verhalten? Dies sollte man sich immer wieder vornehmen. Und doch hat man Vorurteile, nach denen das eigene Handeln ausgerichtet wird. So sehr man sich bemüht, diese abzubauen, so wird man es dennoch nicht schaffen, alle Kinder völlig gleich zu behandeln und gleich auf sie zuzugehen. Das muss auch nicht sein, denn jedes Kind ist einzigartig und darf in seiner Einzigartigkeit anders wahrgenommen und behandelt werden; gerecht ja, aber nicht gleich.

Die eigene Haltung

Die eigene Haltung gegenüber Jungs sollte in den Blick genommen werden. Jungs werden oft als „Bildungsverlierer" des Schulsystems gesehen, weil ihren Wünschen nach mehr Bewegungsdrang und weniger „Still-Arbeiten" nicht nachgegeben wird. Sie werden als aggressiv oder gar gewalttätig und wild beschrieben. Wenn beispielsweise das Thema „Flugzeuge basteln" auf dem Programm steht, lassen Jungs ihre Werke eher fliegen und treten in Wettbewerb, welches Flugzeug am weitesten fliegt, während Mädchen vermutlich einen Wettbewerb anstreben, welches Flugzeug am schönsten aussieht. Jungs wird nachgesagt, dass sie mehr diszipliniert werden müssen. Dabei treffen diese Beschreibungen nur auf einen Teil zu. Bei vielen, die mit Kindern und Jugendlichen zusammenarbeiten, bleiben aber diese Bilder von Jungs haften und die vielen anderen Facetten, die andere Jungs in der gleichen Gruppe im gleichen Alter haben, gehen in den Erinnerungen verloren. In manchen Fällen, in denen sich Jungs scheinbar untypisch und unmännlich verhalten (z. B. helfen wollen, empathisch handeln), wird ihr Verhalten zum Teil sogar problematisiert.

Es gibt nicht „die Jungs" und „die Mädchen". Jedes Kind ist einzigartig und genauso, wie es ist, von Gott geschaffen und geliebt. Es sollte von allen, die mit diesem Kind zusammen unterwegs sind, auch so gesehen und angenommen werden.

In Fachkreisen ist man mittlerweile so weit, dass sich die defizitäre Sichtweise auf Kinder gewandelt hat. Noch vor wenigen Jahren hat man sich bemüht, alle Defizite, die ein Kind hat, auszugleichen und mit Förderungen alle Kinder auf einen Stand zu bringen. Heute sollen Kinder in ihren Stärken unterstützt werden. Die Förderung findet auf Gebieten statt, in denen die Kinder besonders gut sind oder an denen sie sehr viel Freude haben. Das kann sich in Formulierungen mancher Lehrpläne der Bildungsministerien zeigen. Durch diese Kehrtwende der Betrachtungsweise werden Kinder nun generell positiver gesehen.

Auch die eigene stereotype Sicht auf Jungs kann sich verändern. Was passiert, wenn das Verhalten einzelner Jungs oder eines Einzelnen nicht mehr als störend, nervtötend oder anstrengend angesehen wird, sondern eher als Bereicherung, Unterstützung oder Aktivierung anderer? Etwas positiv zu beschreiben oder zu betrachten, ändert die innere und zum Teil äußere Haltung. Die Freude der Mitarbeitenden darüber, dass ein Junge im Augenblick einer Spielerklärung schon direkt beginnen möchte, dient dazu, diesen Jungen gelassener wahrzunehmen und zu erkennen, dass er sich freut zu spielen und keineswegs die Gruppe oder die Mitarbeiterin / den Mitarbeiter damit stören möchte.

Jungs in der Gruppe

„Jeder von den Jungs allein ist toll, aber tauchen sie in der Gruppe auf, sind sie kaum zu ertragen." Viele Mitarbeitende finden sich in diesem Satz wieder. Aber was macht es so schwierig, wenn Jungs in der Gruppe auftreten?

Es ist ein allgemeiner Konkurrenzkampf, der unterschwellig immer mitschwingt. Bedingung dafür ist, dass sich die Jungs in irgendeiner Weise als Gruppe verstehen, wie auch immer das geartet ist. Dazu gehören sicherlich nicht alle Jungs. In diesem Teilabschnitt sind mit „die Jungs" nur diejenigen gemeint, die sich auf diesen Konkurrenzkampf einlassen.

Eine mögliche Deutungsweise dieses Konkurrenzdenkens liegt im Wesen des Mannes, der von jeher um die Frau gekämpft hat. Bei dieser Annahme geht es darum, das bestmögliche Fortbestehen der eigenen Art zu sichern. Eine andere wissenschaftliche Position geht davon aus, dass in allen Menschen – oder zumindest den meisten – grundlegende Tendenzen des Strebens nach Verbesserung oder nach Macht stecken. Dabei spiele es keine Rolle, wie der persönliche Entwicklungsstand, die Herkunft, Sozialisation oder die sonstigen Einflüsse seien. Die Stärke der Ausprägung hingegen hänge von äußeren Faktoren ab, die solch einen Drang in vielen Fällen mindern. (Vgl. Janis-Norton, Noël: Glückliche und entspannte Jungs. Wege zu einer stressfreien Erziehung, mvg, München 2016.)

Dieses Konkurrenzdenken ist es, das Mitarbeitende als lautes, störendes oder nervtötendes Verhalten von Jungs beschreiben. Jungs wollen sich messen, vergleichen, immer wieder neue Herausforderungen bestehen und dabei möglichst besser sein als alle anderen. Dabei ist es egal, ob das nun sportliche Wettkämpfe sind, es darum geht, wer den Mitarbeitenden am meisten auf die Nerven geht, wer der Lustigste ist oder die besten Schimpfwörter kennt. Im Finden neuer Wettkämpfe werden Jungs zunehmend kreativ. Wenn ein Junge allein auftritt, braucht er sich nicht mit den anderen zu messen, daher ist er in dieser Situation ganz anders.

Das fällt den Jungs in diesen Situationen nur nicht auf, und das bringen sie auch zum Ausdruck, wenn man sie hinterher fragt. Sie merken, dass sie sich anders benehmen, wissen aber meist nicht, warum. Sie können es nicht beschreiben und das wiederum ist ein Eingeständnis von Schwäche, etwas, das sie sich in der Gruppe nicht erlauben können, da es sie schlechter als die anderen dastehen lässt. Im Einzelgespräch sind Jungs meist deutlich offener.

Unbedingt nötig ist es, ihnen Möglichkeiten zu bieten, aus diesen Wettkämpfen herauszukommen. Das ist besonders für diejenigen wichtig, die unterlegen sind. Es wird sich vielleicht eine Rangordnung etablieren, wenn die Gruppe länger zusammen ist. Es kann aber auch sein, dass sich solch eine Ordnung nicht ergibt. Es ist oftmals ein schmaler Grat, den richtigen Zeitpunkt zu erwischen, wann ein Wettkampf oder die Rauferei beendet werden sollte. Vieles lässt sich dabei an den Gesichtern der Jungs ablesen.

Jungs verstehen

Jedes Kind sucht nach Anerkennung, Liebe und Fürsorge – auch Jungs. Leider passt das nicht in das Bild, das viele heute noch von Jungs zeichnen. Jungs sollen vom männlichen Bild her stark sein und sich beweisen. Sie lernen Methoden, auch ohne Liebe und Fürsorge klarzukommen oder diese außerhalb der Öffentlichkeit zu erhalten, um nicht als Muttersöhnchen oder schwach benannt zu werden. Es ist Zeit, das zu ändern. (Vgl. Rabe-Kleberg, Ursula: Gender Mainstreaming und Kindergarten, Beltz, Weinheim 2003.)

Jungs wollen und sollen verstanden werden. Dazu ist es wichtig, neugierig und interessiert zu sein, wie die Jungs in der Gruppe sind. Es hilft, sich klar vor Augen zu führen, welches Bild von Männlichkeit man selbst hat und was man auf andere in der Gruppe projiziert. Als Mitarbeiterin/Mitarbeiter sollte man Möglichkeiten des Wettkampfes bieten, andererseits auch klare Grenzen setzen und diese durchsetzen. Die Fähigkeiten der Jungs und der Mädchen in der Gruppe sollten im Blick behalten und durch passgenaue Aufgaben verstärkt werden. Es ist wichtig, sich Zeit für die Jungs zu nehmen, etwas mit ihnen gemeinsam zu erleben, vielleicht mal einzeln, wenn die anderen in der Gruppe gerade beschäftigt sind.

Um Jungs zu verstehen, hilft es, sich das Sozialgefüge in Familie, Kindergarten, Schule und Freundeskreis anzuschauen. Vielleicht muss man mit dem Jungen darüber sprechen, offen, ehrlich und ohne Vorurteile, auf eine verständnisvolle Art. Hier kann es wirksam sein, dem Jungen zu spiegeln, was man verstanden oder beobachtet hat, und es ihm zu sagen. Das sollte sehr allgemein sein, damit die detaillierteren Informationen von ihm kommen können und so eine besondere Beziehung entstehen kann.

PASCAL WILKING

PRÄGUNG CONTRA VERANLAGUNG

Wie wird sich mein Kind entwickeln? Wie verhält es sich, wenn es groß ist? Was wird es gut können? Fragen, die sich Eltern heute immer öfter stellen und durch Tests schon im Mutterleib herausfinden wollen. Dabei ist bis heute nicht sicher geklärt, welchen Anteil die Gene haben und welchen Umwelt und Erziehung. Dieser Teilaspekt der Genetik ist bis heute nicht fertig erforscht und wird ethisch kontrovers diskutiert.

Genetik und Umwelteinflüsse

Um herauszufinden, was angeboren und was erlernt ist, werden in der Forschung häufig eineiige Zwillingspaare untersucht und begleitet, da diese die gleiche DNA haben. Unterschiedliche Langzeitstudien kamen hier zu unterschiedlichen Ergebnissen. Zwillinge, die jeweils in unterschiedlichen Teilen der Welt aufgewachsen waren, zeigten deutliche Unterschiede in Aussehen, Verhalten und in ihren Weltansichten. Hingegen waren ähnliche Interessen und auch Satzformulierungen zu beobachten, die erst einmal nicht erklärbar waren. Bei anderen Zwillingspaaren war dies jedoch anders. Die Forschung ist nicht so weit, allgemeingültige gesicherte Ergebnisse zu präsentieren. Die Frage, ob das menschliche Verhalten also durch die Gene oder die Umwelteinflüsse bedingt ist, lässt sich nicht eindeutig beantworten. Eine bekannte Zwischenlösung lautet, dass jegliches Verhalten eine genetische Grundlage hat und gleichzeitig durch Umwelteinflüsse moduliert wird.

Die Umwelt spielt in der Entwicklung der Kinder und ihrem Sein also zumindest eine entscheidende Rolle. Zunächst sind, neben den äußeren Bedingungen wie Klima, Ernährung, Bildung usw., die sozialen Kontakte zu nennen. In erster Linie prägen die Eltern und die Familie das Verhalten der Kinder am meisten, mit zunehmendem Alter werden Freundinnen/Freunde, Gesellschaft und Institutionen wie Kindergarten und Schule wichtiger. Die meisten Personen, die ein Kind prägen, stammen aus dem gleichen kulturellen Kontext. Somit sind viele Ansichten, wie z. B. Rollenbilder von Jungs und Mädchen, ähnlich und wirken Tag für Tag auf die Kinder bewusst oder unbewusst ein. (Vgl. Hasselhorn, Marcus / Schneider, Wolfgang (Hg.): Handbuch der Entwicklungspsychologie, Hogrefe, Göttingen 2007.)

Sehr allgemein und undifferenziert ausgedrückt sieht das klassische westliche Rollenbild den Mann immer noch als Versorger, Familienoberhaupt und starke Persönlichkeit, die Frau als Fürsorgerin, Zusammenhalt in der Familie und dienende Persönlichkeit. Diese Sichtweise oder ähnliche sind noch tief in vielen Erwachsenen unserer Zeit verwurzelt und werden unbewusst den Kindern vorgelebt. Das beginnt bei der Auswahl der Kleidung oder dem Spielzeug und wird auch im alltäglichen Sprachgebrauch ersichtlich (z. B. „Ich brauche mal zwei starke Jungs."). Und es gibt noch viele Situationen mehr. Hier soll nicht der Appell entstehen, alle Formulierungen zu ändern, aber man sollte sich darüber im Klaren sein und wissen, dass jede Aussage eine Wirkung auf Kinder hat.

Vorbilder der Jungs

Es wird vermehrt darauf hingewiesen, dass viele Jungs keine männlichen Vorbilder mehr haben. Die Zahl der Alleinerziehenden steigt, die meisten sind Frauen. Die meisten Familien sind nicht mehr die Großfamilie mit Opa und Oma, sondern leben in der Kernfamilie. Viele Väter arbeiten lange und so ist häufig die Mutter die wichtigste Ansprechperson. Die pädagogischen Bezugspersonen außerhalb der Familie in Kindergarten und Grundschule sind meist weiblich. So fehlt Jungs häufig ein erwachsenes männliches Vorbild, an dem sie sich orientieren können. Vielen Jungs kann aber ein männliches Vorbild helfen, eine eigene männliche Persönlichkeit zu entwickeln (vgl. Biddulph, Steve: Jungen! Wie sie glücklich heranwachsen, Heyne, München [5]2002).

Die meisten Eltern verfolgen gewisse Erziehungsziele, Dinge, die sie ihren Kindern gern näherbringen möchten. Hier können sich Unterschiede zeigen, was sich Eltern für ihre Söhne und ihre Töchter wünschen. Während die Jungs erfolgreich, zielstrebig, weltoffen und zuvorkommend sein sollen, ist bei Mädchen eher Toleranz, Aufgeschlossenheit, Flexibilität und Einfühlungsvermögen wichtig. Diese Wünsche dokumentieren in ihrer Einfachheit ein klassisch-traditionelles Geschlechterbild. Durch diese wohl meist unbewusste Einstellung der Eltern entsteht schon in frühester Kindheit ein geschlechterdifferenzierter Sozialisationsprozess. (Vgl. Rabe-Kleberg, Ursula: Gender Mainstreaming und Kindergarten, Beltz, Weinheim 2003.) Kinder möchten die Erwartungen ihrer Eltern erfüllen, sodass sie versuchen werden, diese gewünschten Verhaltensweisen umzusetzen.

Traditionell bedient der Vater in vielen Familien heute noch die Rolle des Versorgers, der eine materielle Sicherheit gewährleistet. Das liegt unter anderem auch an der unterschiedlichen Bezahlung von Frauen und Männern in Deutschland. Die Mutter legt meist eine berufliche Pause ein, um in den ersten Jahren bei den Kindern zu bleiben. Sie stillt vornehmlich vor dem Vater die Grundbedürfnisse des Kleinkindes. Vereinzelt setzen Väter ihre Söhne einem größeren Druck aus als ihre Töchter, die sie beschützen wollen. Bei Mädchen wird jungenhaftes Verhalten eher toleriert als das weibliche Verhalten bei Jungs. Väter spielen ausgelassener und wilder mit ihren Söhnen als mit ihren Töchtern. Dies zeigt sich in der Auswahl der Spielsachen, die Eltern für ihre Kinder kaufen, und in der Interaktion durch diese Spielsachen mit ihren Kindern. Auch wenn ein Sohn mit Puppen spielen darf, wird er nicht so häufig dazu ermuntert wie eine Tochter. Zudem wird ein Vater ganz selten mit seinem Sohn mit Puppen spielen, vielmehr wird er ihn dazu auffordern, mit einer Eisenbahn oder Autorennbahn zu spielen. (Vgl. Biddulph, Steve: Jungen! Wie sie glücklich heranwachsen, Heyne, München [5]2002.)

Freie Entfaltung

In der neueren Pädagogik wird gefordert, dass alle Kinder sich so zeigen dürfen, wie sie sind. Kinder sollen nichts vorspielen müssen und sich frei nach ihrem Wesen entfalten können. Viele zeigen und geben sich so, wie andere sie gern sehen würden, und spielen mehr oder weniger eine Rolle. Doch Kinder sollen sie selbst sein und selbstbewusst auftreten dürfen.

Das ist gut so, aber es wird auch in Zukunft Kinder, Jungs und Mädchen, geben, die nicht sie selbst sind, sondern eine Rolle spielen, von der sie glauben, sie spielen zu müssen, um ihren Eltern, Lehrerinnen/Lehrern oder der Gesellschaft zu genügen. Das muss nicht von der Erwachsenenwelt formuliert sein, es reicht ein Gefühl des Kindes, dass es so besser ist. Kinder, die eine Rolle spielen, sind auch in Gruppen der Kirchen und Gemeinden anzutreffen und verhalten sich dort möglicherweise ganz anders als zu Hause oder in der Schule. Denn auch hier versuchen sie in einer Gruppe so zu sein, wie es erwartet wird, nicht unbedingt von den Mitarbeitenden, sondern vielmehr von den Gleichaltrigen. Hier sollte man wachsam sein und solche Kinder immer wieder ermutigen, ihre persönlichen Stärken und Persönlichkeiten zu zeigen. Eine Gruppe in einer Kirche oder Gemeinde kann für sie ein gutes Übungsfeld sein.

Der einzelne Junge im Blick

Hinter all diesen Diskussionen (Prägung, Veranlagung, Rollenbilder der Gesellschaft, sexuelle Identität von Jungs, Vorbilder für Jungs) bleibt meiner Ansicht nach ein wichtiger Punkt auf der Strecke – das Verständnis für jeden einzelnen Jungen. Es wird über strukturelle Veränderungen und Möglichkeiten gesprochen, aber der Junge selbst gerät dabei aus dem Blick. Es ist nicht in erster Linie wichtig, ob ein Junge eine männliche oder weibliche Bezugsperson hat. Wichtig ist, dass er sich verstanden, angenommen und geliebt fühlt und weiß, dass er so sein darf, wie er ist. Natürlich kann es hilfreich sein, bei einer gemischtgeschlechtlichen Gruppe sowohl Mitarbeiterinnen als auch Mitarbeiter zu haben, aber dieser Punkt ist nicht der entscheidende. Entscheidend ist, dass sich der einzelne Junge in seiner Besonderheit angenommen fühlt.

PASCAL WILKING

MEDIENPÄDAGOGISCHE ASPEKTE

Wenn wir über die Nutzung der digitalen Angebote durch Jungs sprechen, können wir das nicht als isoliertes Phänomen eines Geschlechts betrachten. Die Welt an sich hat sich verändert und damit auch die Art der Menschen, zu leben. Letztlich haben sich die Menschen selbst verändert – und somit auch die Jungs.

Virtuelle und reale Welt

Die Welt ist digital geworden. Smartphones haben innerhalb von nur 10 Jahren die Menschheit erobert. Im Jahr 2018 werden 2,5 Milliarden Menschen ein Smartphone nutzen, 5 Jahre später werden es vermutlich schon 2,9 Milliarden sein (www.mobilbranche.de/2017/06/die-zukunft-zahlen, letzter Zugriff am 02.03.2018). Kaum eine andere technische Erfindung hat die Art, wie wir leben, und das schnelle Kommunizieren so stark verändert. Die massenhafte Verbreitung und Nutzung von Smartphones hat das Internet in jede Hosentasche gebracht, alle Nutzerinnen und Nutzer sind nun miteinander vernetzt, direkt und indirekt.

Früher gab es eine reale und eine digitale Welt, die klar voneinander getrennt waren: Die reale Welt war zu Hause, die digitale Welt „auf Arbeit". Das Digitale war unpersönlich, bestand aus abstrakten Informationen und wurde von klobigen Computern gesteuert. Zu Hause war dagegen das Private, mechanisch und zum Anfassen, und man hatte noch Auge-in-Auge mit Menschen zu tun. Diese Trennung gibt es nicht mehr. Es hat eine Migrationsbewegung ins „Onlife" stattgefunden, Mensch und Maschine, die virtuelle und reale Welt sind verschmolzen. Das Smartphone ist längst zu einem festen Körperteil geworden, wie ein dritter Arm oder ein zweiter Kopf, auch wenn es noch nicht ganz festgewachsen ist. Fast mag es scheinen, als habe Gott den Menschen unvollständig geschaffen. Der eigene Körper wird um ein Gerät ergänzt, das ihn vollständiger machen soll. Die Verschmelzung hat stattgefunden – einem Kind das Smartphone wegzunehmen ist etwa so, wie wenn man ihm drei Finger abschneiden würde.

Das Prinzip „Smartphone"

Das Smartphone hat bereits einige „alte" Technologien abgelöst. Anfang der 1920er-Jahre war das Radiogerät **die** technische Errungenschaft, heute benutzt es kein Kind mehr. Radio wird gestreamt. Fernsehen wird immer weniger wichtig, genauso wie Spielekonsolen. Die Zukunft der nächsten 10 Jahre gehört dem Smartphone und es wundert nicht, dass es ganz oben auf jeder Wunschliste von Kindern steht (www.mpfs.de/fileadmin/files/Studien/JIM/2017/ JIM_2017.pdf, S. 13, letzter Zugriff am 02.03.2018).

Das Smartphone wird in vollem Umfang ca. ab der dritten Klasse und mit „allem, was geht" genutzt. Häufig unabhängig jeglicher Altersbeschränkung.

Im Nutzungsverhalten unterscheiden sich die Geschlechter nicht wesentlich. Bei allen sind soziale Medien das Wichtigste. Jungs spielen gern Action-, Fantasy- und Adventure-Spiele – als App und online. Beliebteste Anwendung ist nach wie vor WhatsApp®, dicht gefolgt von Apps wie Snapchat® und Instagram® (www.mpfs.de/ fileadmin/files/Studien/JIM/2017/JIM_2017.pdf, S. 34, letzter Zugriff am 02.03.2018). YouTube® ist ein Must-have auf jedem Smartphone. Hier schauen sich Jungs und Mädchen aber unterschiedliche Kanäle an. Musik hören ist für Jungs und Mädchen Alltag – so kann man in seine „Höhle" flüchten, sich vom Lärm der Realität abgrenzen, zumindest zeitweise aus ihr aussteigen. Dafür sind Dienste wie z. B. Spotify® beliebt.

Die sozialen Netzwerke haben etwas geschafft, an dem Jungs seit Menschengedenken „leiden": Sie haben die Leidenschaft für Kommunikation geweckt. Zwar sind Apps wie Snapchat® bei Mädchen beliebter als bei Jungs, doch sie holen auf (www.mpfs.de/fileadmin/files/Studien/JIM/2017/JIM_2017.pdf, S. 37-38, letzter Zugriff am 02.03.2018). Es wäre ja auch uncool, wenn man in Snapchat® als Junge auf die Story eines Mädchens nicht antwortet. Eine „Story" besteht aus mehreren Bildern, die den Alltag widerspiegeln. Andere werden verlinkt. Bei WhatsApp® ist es ähnlich: Was jemand in der Gruppe schreibt, kann von allen anderen gelesen werden. Alle in der Gruppe können überprüfen, wer wann eine Nachricht gelesen hat. Wehe denen, die hier zu langsam sind – sie erfahren die soziale Ächtung der anderen.

Die Zugehörigkeit zu einer Gruppe und die Anerkennung der Gruppenmitglieder und häufig auch einer scheinbar anonymen Öffentlichkeit sind mit die stärksten Kräfte hinter dem Hype um die sozialen Medien. Nichts wird so gefürchtet wie die Einsamkeit oder das Ausgeschlossensein.

Die Angst, etwas zu verpassen

„FOMO" beschreibt eine neue Angst, die erst durch diese totale Vernetzung aufkommen konnte: „Fear of missing out", also die Angst, etwas zu verpassen. Der Begriff beschreibt die ständige Sorge, eine soziale Interaktion (z. B. auf WhatsApp®, Snapchat® oder Tellonym®) zu verpassen.

Laut der Präventionsstudie „Zukunft Gesundheit 2015" stresst junge Leute das Gefühl, permanent erreichbar sein zu müssen. Dort heißt es, dass Medien Aufmerksamkeit, Wertschätzung, Interaktion und Alltagsflucht schafften. Es könne so zu einer Abhängigkeit führen, da es um ein System der Belohnung gehe, welches Suchtstrukturen habe (www.die-schwenninger.de/fileadmin/presse/user_upload/Studien/Studie-Zukunft_Gesundheit_2015.pdf, S. 9, letzter Zugriff am 02.03.2018).

Durch einen aufgebauten Gruppendruck werden Jungs zur Nutzung der sozialen Medien gedrängt. Die Vernetzung hat ihre Vorteile, aber sie kostet auch eine Menge. Nicht alle können diesem Druck standhalten.

Jungs stark machen

Mitarbeitende in Kirchen und Gemeinden sollten die Bedürfnisse der Jungs wie z. B. Zugehörigkeit, Freundschaft, Erfolg, Bestätigung, Anerkennung und Spaß, die mit dem Smartphone vermeintlich gestillt werden, wieder in den Blick nehmen. Denn letztlich kann ein Smartphone die wirklichen, echten, tiefen Sehnsüchte nicht stillen, etwas, das nur Gott kann. Zudem ist es wichtig, dass sie sich selbst bezüglich der sozialen Medien informieren, um Hilfestellung geben zu können.

Praktische Tipps

Mitarbeitende können bzw. sollten ...

- ein „reales" Leben für die Kinder mit Aktionen wie Ausflügen, Spielen und kreativen Projekten gestalten. Das kostet Zeit, Geld und Kraft, lohnt sich aber.
- in Gruppenstunden eine handyfreie Zone herstellen (gilt auch für die Mitarbeitenden).
- Fantasie fördern durch Hörspiele, spannende Geschichten, kreative Elemente oder Gesellschaftsspiele.
- konkrete Tipps für Verhalten im Netz und in den sozialen Medien geben.
- bei Übergriffen im Netz die Kinder schützen und Hilfe holen oder anbieten.
- Erinnerung und Einladung zur Gruppenstunde über WhatsApp® oder andere Messenger-Dienste verschicken (bitte unbedingt auf die rechtlich geltenden Bestimmungen achten).
- sich selbst informieren und dadurch Kompetenz bekommen. Es ist gut zu wissen, „was läuft".
- nicht nur warnen und verbieten, sondern den Kindern auch ein „Warum" erklären.

Hilfreiche Internetseiten

- www.schau-hin.info (letzter Zugriff am 02.03.2018)
- www.checked4you.de (letzter Zugriff am 02.03.2018)
- www.klicksafe.de (letzter Zugriff am 02.03.2018)

INGO KRAUSE

INTERKULTURELLE HINTERGRÜNDE

Man stelle sich vor: Jemand spielt bei einem Spiel mit, ohne dass vorher die Regeln erklärt wurden. Oder er spielt es nach anderen Regeln. Das ist schwer. So ist es für viele Jungs, die aus einer anderen Kultur kommen. Manches Verhalten, das einem schlecht erscheint, ist in ihrer Kultur selbstverständlich. Darum ist es hilfreich, immer nachzufragen: „Warum machst du das so?"

Bei Jungs aus anderen Kulturen braucht man ein weites Herz. Es ist wichtig, ihnen Wertschätzung und Verständnis zu zeigen, aber im Handeln konsequent zu sein. Man sollte ihnen immer wieder erklären, welches Verhalten im Kinderprogramm nicht möglich ist und warum man es sich anders wünscht. Als Mitarbeiterin oder Mitarbeiter die eigenen Empfindungen transparent zu machen, kann dies dem Jungen erleichtern. Man sollte sich bewusst sein, dass die Gruppe mit ihren Mitarbeitenden außerhalb der Schule vielleicht der einzige einheimische Kontakt des Jungen ist und sein Bild von Deutschen mitprägt.

Grundsätzlich darf und sollte man in den Gruppenstunden sagen, dass in den Kirchen- und Gemeinderäumen und den Gruppen auch die jeweiligen Regeln gelten. Gerade Frauen dürfen Jungs mutig Grenzen setzen. Wenn diese merken, dass Fehlverhalten Konsequenzen hat, sie sich aber angenommen fühlen, werden sie ihr Verhalten ändern.

Hilfen, um kulturelle Unterschiede besser zu verstehen
Es gibt sichtbare und unsichtbare Bereiche von Kultur; ähnlich wie bei einem Eisberg (siehe folgende Abbildung) können wir nur den kleineren Teil sehen. Hinzu kommt natürlich noch die eigene individuelle Persönlichkeit.

Sprache
Essgewohnheiten
(was, wie und wo)
Musik
Kleidung
Freizeitgestaltung
Blickkontakt
Gefühle zeigen
Lebensstil

Rolle der Familie
Rollenverständnis Mann und Frau
Risikobereitschaft
Feste
Rituale
Schamkultur („Ich habe etwas falsch gemacht."
„Ich bin eine Versagerin / ein Versager.")
Werte und Moral
Ehrverständnis
Konfliktbewältigung
Meinung über Leiterschaft
Einstellung zu anderen Kulturen
Verständnis von Zeit
Tabus
Erwartungen an andere
Logik (Voraussetzungen)
Arbeitsethos

Die Kultur ist ein Orientierungssystem, das allen Mitgliedern einer Gemeinschaft vertraut ist und über die Erziehung und eigene Erfahrungen erworben wird. Sie ist dynamisch und veränderbar und sorgt für ein Gefühl von Zugehörigkeit, Geborgenheit, Normalität und für eine eigene Identität.

Jeder Mensch gehört gleichzeitig verschiedenen Kulturgruppen an, die miteinander verbunden sind und ihn prägen (Nationalkultur, soziale Schicht, Region, Geschlecht, Familie). Dies wird sichtbar an der Sprache, der Kleidung, den Essgewohnheiten, den Musikstilen, der Art zu feiern usw. Die Kulturgruppen prägen aber auch die Art der Wahrnehmung, des Denkens, Wertens und Handelns, die Werte und Normen, Einstellungen und Auffassungen, Gefühle und Verpflichtungen. Wenn sich zwei Personen aus unterschiedlichen Kulturgruppen begegnen, dann interpretieren sie das Verhalten ihres Gegenübers oft anhand der eigenen Werte und Einstellungen.

Um die Kultur einer anderen Person zu verstehen, ist es wichtig, das Verhalten nicht nach den eigenen Maßstäben zu beurteilen, sondern erst einmal wertungsfrei zuzuhören und zu beobachten. Fragen wie „Wie ist das bei dir zu Hause?", „Wie war das in deinem Heimatland?", „Warum tust du das?" können dabei sehr hilfreich sein. Dabei sollte man auch auf die Körpersprache, Mimik und Gestik des Gegenübers achten, ob er Augenkontakt hält oder nicht. Um mehr zu verstehen, können im Internet Informationen über einzelne Volksgruppen und deren Kultur leicht gefunden werden.

Es lohnt sich, auch die Familien der Jungs zu besuchen, z. B. wenn ein Junge neu dazukommt oder in der Weihnachtszeit mit einem kleinen Präsent. Viele Eltern freuen sich und fühlen sich sehr wertgeschätzt, wenn sie Besuch bekommen. Gerade auch, wenn es um ihre Kinder geht. In den meisten Kulturen spielt die Familie eine viel größere Rolle als in Deutschland. Darum ist es gut, immer Kontakt zu den Familien zu suchen und eine Vertrauensbasis zu schaffen. Hier bekommt man auch einen guten Eindruck vom Erziehungskonzept der Eltern, das häufig Unterschiede zum deutschen aufweist.

Für die biblische Botschaft gilt: Gerade Muslime sind religiös sehr interessiert und erfahren gern, was andere glauben. Wichtig ist, dass die Jungs nicht manipuliert werden, damit sie sich bekehren. Ihnen sollte auch klar sein, dass es Konsequenzen in der Familie hat, wenn sie sich für Jesus entscheiden. Am besten wäre es, eine Beziehung zu der ganzen Familie aufzubauen und mit ihnen über Jesus ins Gespräch zu kommen.

(Für weitere Hintergründe s. Kapitel „... in einer anderen Kultur".)

FRANK FREDRICH

DAS BRAUCHE ICH

Die Kinder waren voll dabei.
Sogar die Jungs haben
begeistert mitgemacht!

Super, dass
wir uns mal
was anderes
getraut haben!

Cool!
Durch das Experiment
habe ich das mit der
Vergebung von Gott jetzt
etwas mehr gecheckt!

Das Experiment
mit der Pyrowatte
war echt krass!
So was habe ich
noch nie gemacht ...

EIN ECHTES GEGENÜBER

Eine gute Beziehung zu den Jungs ist immer der Schlüssel für eine gute Gruppenstunde. Jungs folgen Menschen viel lieber, wenn sie sich gesehen und geliebt fühlen und ein Gefühl von Freundschaft empfinden. Eine gute Beziehung gerade zu denen, die „schwierig" erscheinen und viel stören, ist sehr wichtig. Vielleicht stört der Junge nur, weil er keine Freunde hat und sich nach mehr Aufmerksamkeit sehnt.

Verschiedene Arten der Beziehung

Jeder Mensch braucht Beziehungen. Aber die Art der Beziehung ist bei den Geschlechtern unterschiedlich.

Mädchen brauchen das Gespräch für ihre Beziehungen. Typisch für Mädchen ist, dass sie einen kleinen Freundeskreis haben, in dem sehr offen und vertraut über alles gesprochen wird. Darum kommt man in den Kindergruppen mit den Mädchen häufig viel leichter zurecht. Denn dort passiert das meiste auf der verbalen Ebene.

Jungs sind sach- und erlebnisorientiert. Sie brauchen für ihre Beziehungen gemeinsame Erlebnisse (konkrete Praxisbeispiele s. Kapitel „Viel Bewegung und Action"), egal ob am Computer oder beim Fußballspielen. Jungs haben oft viele Freunde und sind gern in der Gruppe unterwegs. Es muss nicht viel gesprochen werden. Action ist wichtig. Jungs kommunizieren auch über Körperkontakt. Sie lieben es, miteinander die Kräfte zu messen und herauszufinden, wer der Bessere ist – auch mit den Mitarbeitenden, weswegen es gut ist, Spiele mit Körperkontakt einzuplanen. Über Gefühle oder gar Schwächen reden Jungs so gut wie nie miteinander. Denn sie wollen stark sein. Über Ängste oder Sorgen sprechen sie nur mit Personen, denen sie absolut vertrauen. Dies tun sie aber nur, wenn sie eine intensive, verlässliche Bindung zu dieser Person aufgebaut haben. Ansonsten behalten sie es für sich und versuchen, allein mit ihren Problemen klarzukommen. Die Beziehungen zu Jungs gestalten sich darum anders als zu Mädchen.

Generell unterscheidet man verschiedene Arten der Beziehung:

Einseitige Beziehung durch Beobachtung: Diese Beziehung geht einseitig von der/dem Beobachtenden aus (z. B. das Zuhören bei einem Vortrag, bei dem man eine einseitige Beziehung zu der/dem Redenden aufbaut, ohne dass diese/dieser es merkt). Diese Beziehung kann sogar emotional sein. Die meisten Fans haben eine einseitige Beziehung zu den von ihnen verehrten Personen.

Wechselseitige Beziehung: Sie baut sich durch gemeinsame Gespräche und gemeinsame Erlebnisse auf und ist die Form von Beziehung zu anderen, die man zu den meisten Personen in seinem Umfeld hat. Hier kennen sich beide Personen, reden miteinander und verbringen Zeit zusammen. Zu manchen Menschen besteht eine enge Beziehung, diese bezeichnet man als Freundinnen/Freunde, zu den meisten Personen aber besteht eine losere Beziehung (z. B. in Nachbarschaft und Schule).

Körperliche Beziehung: Dies ist die intensivste Art von Beziehung, da es hier auch körperlichen Kontakt gibt. Jeder Mensch braucht Berührungen. Aber nur wenigen Menschen wird erlaubt, einen zu berühren, wie den Eltern oder den besten Freundinnen/Freunden. Mädchen sieht man oft Arm in Arm. Bei Jungs ist das selten. Bei ihnen sieht man eher, dass sie sich raufen oder prügeln, auch das ist ein körperlicher Kontakt und eine Beziehung. Hier holen sich manche Jungs die Berührungen, die sie brauchen, da alles andere „uncool" ist.

Beziehung bauen

Eine gute und verlässliche Beziehung zu bauen ist bei ein oder zwei Stunden in der Woche natürlich nur sehr eingeschränkt möglich. Aber wenn Kinder, Jungs und Mädchen, in dieser Zeit Aufmerksamkeit erfahren und verlässliche Mitarbeitende erleben – und das über mehrere Jahre – wird sie das in positiver Weise für ihr ganzes Leben prägen. Die Mitarbeitenden sollten für die Kinder Jesus erkennbar machen, an ihrem Verhalten sollen sie sehen, wie Jesus ist. Dies ist eine große Verantwortung. Es werden Fehler gemacht. Aber wenn die Kinder erleben, dass sich auch Mitarbeitende bei ihnen entschuldigen, dann vertieft sich die Beziehung. Manches Kind hat vielleicht noch nie erlebt, dass eine Erwachsene / ein Erwachsener ein Kind um Entschuldigung bittet.

... durch aufrichtiges Interesse

Jungs brauchen Bezugspersonen, die ein aufrichtiges Interesse an dem haben, was sie gerade beschäftigt. Das geht bei kleinen Jungs mit Baggern und Autos los und weiter über Actionhelden, Waffen bis hin zu den aktuellen Kartendecks, mit denen sie gegeneinander kämpfen. Jungs fasziniert alles, was mit Kampf und Stärke zu tun hat. Wenn es verboten oder gemieden wird, werden sie keine gute Beziehung zur Bezugsperson aufbauen können, da ein wichtiger Teil ihres Interesses abgelehnt wird.

Jungs sind oft nicht so gesprächig, wenn es um Fragen geht wie „Wie geht es dir?". Aber nach ihren Lieblingsthemen gefragt, hören die meisten nicht mehr auf zu reden. Es hilft auch, Fotos, Filmausschnitte oder Gegenstände zu zeigen, die das Interesse der Jungs wecken, wie coole Fahrzeuge, Actionfiguren oder etwas zum Thema Sport. Persönliches von sich selbst z. B. aus der Kindheit oder der Erlebniswelt der Jungs zu erzählen, regt auch zum Gespräch an und vertieft den Kontakt zueinander.

Wie gut ist die Lebenswelt der Jungs in der Gruppe bekannt? Eine Hilfe ist es, einmal die Augen zu schließen und sich zwei Jungs der Gruppe vor dem inneren Auge anzuschauen und sich zu überlegen, ob bekannt ist, wo und wie sie wohnen, was sie gern tun, welchen Sport sie lieben usw.

Die Zeit vor und nach dem Kinderprogramm ist eine ganz wertvolle und wichtige Zeit, um Beziehung zu bauen. Was spielen die Jungs? Worüber sprechen sie? Wie verhalten sie sich? Es ist gut, nicht mit Auf- oder Abbau beschäftigt zu sein, sondern sich den Kindern, Jungs und Mädchen, zu widmen oder den Auf- und Abbau mit ihnen gemeinsam zu machen.

Eine gute Möglichkeit, die Beziehung zu vertiefen und die Jungs besser kennenzulernen, ist auch, sie mal zu Hause zu besuchen und die Eltern kennenzulernen. Oft wird das Verhalten der Jungs dann viel verständlicher.

... durch Loben und Ermutigung

Viele Jungs haben sich daran gewöhnt, dass sie nur gesehen und wahrgenommen werden, wenn sie negativ auffallen, also stören, dazwischenrufen, etwas boykottieren oder andere ärgern. Sie haben es aufgegeben, daran zu glauben, dass sie durch „gutes" Verhalten und Leistung wahrgenommen werden und dadurch das Gefühl von Bedeutung bekommen.

Jungs brauchen mehr Lob und Bestätigung als Mädchen. Darum ist es gut, gezielt gerade Jungs zu beobachten und zu loben. Wenn Jungs, die immer wieder negativ auffallen, für positives Verhalten (und sei es noch so wenig) und auch für das, was sie gebaut, gesungen, mitgebracht oder bei einem Spiel erreicht haben, gelobt statt korrigiert oder verbessert werden, dann verändert es die Beziehung zum Positiven.

... durch Verlässlichkeit

Jungs brauchen einen festen Halt. Sie bauen Beziehungen auf zu jemandem, der sich klar und deutlich ausdrückt. Sie wollen klare Ansagen, klare Regeln und eindeutige Grenzen, die dann auch eingehalten werden.

Es lohnt sich, den Jungs eine verlässliche Bezugsperson zu sein, die sie mag, wie sie sind, und sich für sie interessiert. Jungs haben das Grundbedürfnis nach Sicherheit und Bedeutung. Sie wollen sicher sein, dass ein Ja ein Ja und ein Nein ein Nein ist und dass die Versprechen gehalten werden. Sie wollen sicher sein, dass am Ende wirklich noch was Cooles gespielt wird, wenn es vorher versprochen wurde.

... durch gemeinsame Erlebnisse

Tobespiele, bei denen auch alle Mitarbeitenden mitspielen, schaffen gute gemeinsame Erlebnisse. Die ganze Gruppe kann so auch zusammen die biblische Geschichte „erleben". Es gibt viele erlebnispädagogische Interaktionsspiele, die die Beziehungen untereinander vertiefen und viel Spaß machen.

Gemeinsame Aktionen wie Bowlen, Bouldern oder Billard spielen, aber auch Ausflüge, Experimente und gemeinsame Übernachtungen im Gemeindehaus bauen Beziehungen. Warum nicht zusammen den Gemeindebrief verteilen oder bei der Renovierung der Gemeinderäume helfen? Das fördert die Identifikation mit der Kirche bzw. mit der Gemeinde. Auch zusammen einen coolen Film zu sehen, ist ein tolles, gemeinsames Erlebnis (z. B. „Der König von Narnia").

FRANK FREDRICH

BESONDERE AUFMERKSAMKEIT

Auch wenn man es nicht denkt, Jungs brauchen Aufmerksamkeit, damit sie selbst anderen Aufmerksamkeit schenken. Mitarbeitende können ihnen diese durch Beachtung, Anerkennung und Wertschätzung geben. Weil aber einige Jungs scheinbar nicht auf solche „Signale" reagieren, denkt man schnell, dass es ihnen nicht so wichtig ist. Ist es aber doch!

Aufmerksamkeit ist wichtig

Aufmerksamkeit ist für Jungs wichtig, weil sie in vielen Fällen eher auf Widerstand stoßen. Sie werden zurechtgewiesen und ermahnt. Das beginnt im Kindergarten, in der Schule und geht in der Familie weiter, weil sie vielleicht zu wild sind. Und in der Gruppenstunde?
Es ist die Chance von Mitarbeitenden, bewusst einen „Gegenpol" mit positiver Aufmerksamkeit zu bilden. Christliche Gruppenstunden sind dann nicht der „Mainstream", der den Jungs sonst begegnet, dass z. B. Mädchen mehr gelobt werden als Jungs. Ein praktischer Tipp ist hier, auf ein Gleichgewicht von Lob und Anerkennung zwischen Jungs und Mädchen in der jeweiligen Gruppenstunde zu achten.
Mitarbeitende sollten sich positiv von der Gesellschaft abheben. So können gelebte Nächstenliebe und christliche Werte den Kindern begegnen.

Die folgenden Gründe, warum Aufmerksamkeit für Jungs so wichtig ist, sind keine Rangliste, sondern ähnlich gewichtet.

- Das Sozialverhalten wird gestärkt. Jungs fangen an, ihren eigenen Blick auf andere zu verändern, indem sie selbst ihnen Aufmerksamkeit schenken. Dabei werden sie feststellen, was diese besonders gut können.
- Jungs brauchen einen Verantwortungsbereich, in dem sie Verbindlichkeit zeigen und beweisen können. Die Folge ist: Der Charakter wird gestärkt.

- Aufmerksamkeit schafft unbewusst Rangordnungen und Konkurrenzkampf. Den muss man manchmal aushalten und auch gut gestalten, damit Jungs früh genug lernen, ihre Positionen in einer Gruppe zu finden.

Aufmerksamkeit durch Handeln

Aufmerksamkeit wird nicht nur mit verbalem Lob und Anerkennung gefördert, sondern auch durch praktisches Handeln. Ein paar Tipps:

- Jungs brauchen einen Rahmen, in dem sie Aufgaben übernehmen und diese dann durch ein gutes Ergebnis belegen können. Sie brauchen Verantwortung und übernehmen sie meistens gern.
- Jungs benötigen Möglichkeiten, sich zu beweisen und ihre Kräfte zu messen. Wertschätzung bekommen sie durch Wettbewerb und Siegerehrungen. In Gruppen können sie sich vergleichen und bekommen so die Aufmerksamkeit durch die Gruppe und die Mitarbeitenden. Vorausgesetzt, sie erreichen einen der vorderen Ränge. Andernfalls können sie Trost durch Mitarbeitende erfahren. Auch wenn sie es nicht sagen, brauchen sie ihn auch.
- „Jeder Mensch hat eine zweite Chance verdient!" Aufmerksamkeit bekommen Jungs durch die Chance, ihre Fehler zu korrigieren, ohne in der Öffentlichkeit bloßgestellt zu werden. Persönliche und praktische Hilfen sind wichtig, wenn mal etwas schiefgegangen ist.
- Aufmerksamkeit durch Wertschätzung bekommen Jungs, indem sie Gelegenheiten haben, Neues auszuprobieren und Mut zu zeigen.

Aufmerksamkeit durch Gespräch

Mit Jungs über das persönliche Leben (Schule, Familie usw.) zu reden, ist eine Gratwanderung, die nicht einfach ist. Doch Aufmerksamkeit durch persönliche Gespräche ist wichtig, denn diese bieten

Jungs die Chance, Fragen zu stellen und das Reden und Diskutieren zu lernen. Zeit und Aufmerksamkeit, die in ein persönliches Gespräch investiert wird, drückt eine hohe Wertschätzung aus. Deshalb ist ein kreatives „Nicht-Beschäftigtsein" der Mitarbeitenden als Gesprächsmöglichkeit wichtig. Die Gegebenheiten für eine Unterhaltung sind prinzipiell erst einmal egal. Es kann während des Fußballspiels sein, beim Computerzocken, am Lagerfeuer oder in der Chillecke des Gruppenraumes. Manchmal beginnt ein Gespräch aus dem Nichts.

Ein paar helfende Hinweise

Wie kann man einen guten Zugang finden, um ein ehrliches Gespräch mit einem Jungen zu führen bzw. zu starten?

- Es ist wichtig, zuhören und schweigen zu können.
- Über eigene Themen reden, auch wenn sie scheinbar nicht so wichtig sind. In Andachten über Erlebnisse, Hobbys und Gefühle reden.
- Brücken bauen durch gemeinsame Interessen. Entweder aktiv Hobbys teilen oder drüber reden.
- Ehrliches und authentisches Interesse, das nicht „aufgesetzt" ist, hilft beim Austausch.
- Keine Antwort ist auch eine Antwort. Man sollte ein Nein immer akzeptieren.
- Man darf auf keinen Fall neugierig sein, nachbohren oder Sätze wie „Früher war das aber anders." oder „Das kann ich nicht glauben ..." benutzen. Dies kann dem Gegenüber unterstellen, dass man ihm nicht glaubt.

Wichtige Gesprächsregeln

- Man sollte alle Teilnehmenden gleich behandeln und niemanden bevorzugen.
- Gespräche unter vier Augen sollten so geführt werden, dass man von niemandem gesehen werden kann. Lob dagegen darf in der Gruppe geäußert werden.
- Gesprächsinhalte sind seelsorgerlich und dürfen nur nach Rücksprache anderen mitgeteilt werden.

Fazit: Wenn man Jungs Aufmerksamkeit schenkt, folgen sie auch den Mitarbeitenden aufmerksam.

(Für mehr Informationen s. Kapitel „Ein echtes Gegenüber".)

TORSTEN WITTENBURG

FAIRE GRENZEN UND REGELN

Jungs und Mädchen sind unterschiedlich und daher erfordert es oft auch einen unterschiedlichen Umgang mit ihnen, das wissen wir ... Aber wie sieht es aus, wenn die Jungs in unserer Gruppe extrem die Grenzen überschreiten, wenn sie einfach nicht hören wollen, ständig schreien und stören? Wie soll man dann reagieren? Welche Grenzen und Regeln sind richtig und angemessen?

In vielen Gesprächen mit Mitarbeitenden wird mir erzählt, wie unzufrieden, frustriert und müde man ist, weil die Jungs in der Gruppe so schwierig sind. Nicht selten will man die Mitarbeit an den Nagel hängen und das wäre dann fatal und auch sehr traurig! Vielleicht ist jetzt der Moment gekommen, mal intensiver über diese Situation nachzudenken und zu überlegen, was man tun kann, ohne auszubrennen. Es ist ganz wichtig, sich bewusst zu machen, dass alle, die aktiv in der Arbeit mit Kindern tätig sind, eine ganz wichtige und wertvolle Arbeit machen.

Zu den eigenen Grenzen stehen

Niemand ist perfekt und handelt immer richtig. Alle haben ihre Grenzen. Oft sucht man die Gründe ausschließlich bei sich selbst und fühlt sich als Versagerin/Versager. Dieser Denkansatz führt in die Sackgasse. Jeder Mensch darf Fehler machen, muss nicht perfekt sein und darf zu seiner Begrenztheit stehen. Vielleicht kann diese Einstellung dazu beitragen, selbst entspannter gegenüber „wilden" Jungs zu werden.

Nicht immer verhaltensauffällig

Jungs sind Jungs und gehen oft ihrem, je nach Typ, eigenen Drang nach. Das ist nichts Unnormales. Diese Erkenntnis soll nicht alles entschuldigen, kann aber zu dem Bewusstsein führen, dass man nicht immer eingreifen muss und bei Jungs auch mal „den Zügel" etwas lockerer lassen kann. Grenzen sollten immer zum Kontext und zum Wesen des Jungen passen.

Drei Aspekte sind wichtig:

- Jungs brauchen besonders Liebe, Akzeptanz, Respekt und gute Beziehungen. Daraus kann sich ein gegenseitiges Vertrauen entwickeln.
- Jungs brauchen Freiräume, um „wild" zu sein, und Entfaltungsmöglichkeiten. Sie sollen ihre Persönlichkeit entwickeln dürfen und spüren, dass ihre jungentypische Individualität akzeptiert wird.
- Jungs brauchen angemessene Grenzen und Konsequenzen. Mit dem eigenen Erziehungsstil sollte man Strukturen und Orientierung geben, beständig und nicht nachlässig sein. Damit gibt man Jungs Halt und Orientierung.

Angemessene Grenzen und Regeln

Immer wieder ist zu beobachten, dass in Familien ein sehr lockerer Erziehungsstil vorherrscht und dem Kind wenig Grenzen gesetzt werden; eine Auseinandersetzung mit den Kindern findet so nicht statt. Entweder ist es ein bewusster laissez-faire Erziehungsstil oder eine Überforderung. Dies kann dazu führen, dass Jungs einem auf der Nase herumtanzen ...

Wichtig ist, dass man Grenzen nicht als grundsätzlich negativ empfindet, sondern erkennt, dass Jungs sie brauchen, um sich in der Welt zurechtzufinden und in der Gemeinschaft zu leben. Das ganze Leben lang stoßen Menschen auf Grenzen. Unsere Kraft, unser Geld, unsere Geduld, unsere Zeit, unsere Ausdauer und unsere Gesundheit haben Grenzen – alles, was uns umgibt, beinhaltet Möglichkeiten und Grenzen gleichermaßen.

Grenzen und Regeln sind zentral wichtig für die Entwicklung von Kindern und notwendige Grundlage des Zusammenlebens. Regeln vermitteln nicht nur Verbote, sondern geben einen Raum, in Freiheit und Sicherheit leben zu können (z. B. die Straßenverkehrsordnung). Man sollte sich bewusst machen, dass es anstrengend ist, Grenzen und Regeln umzusetzen, und dies einen besonders fordert. Aber: Es erspart langfristig noch viel größere Anstrengungen.

Grenzen und Regeln sind nicht statisch

Jungs entwickeln sich stetig weiter und verändern sich. Da gilt es, miteinander partnerschaftlich unterwegs zu sein. Grenzen und Regeln orientieren sich dabei am Alter und an der Entwicklung. So ist das „Verdrecken" des Gruppenraumes durch die verschmutzten Schuhe eines Fünfjährigen anders zu bewerten als bei einem neunjährigen Jungen.

Grenzen und Regeln sind nicht in Stein gemeißelt und dürfen sich verändern. Einige Tipps können hier helfen.

Grenzen und Regeln müssen In Liebe eingebettet sein!

Ein liebevoller Umgang bedeutet, ...

- ein Bewusstsein von einem verantwortungsvollen Handeln gegenüber den Jungs zu haben.
- ein Bewusstsein von der eigenen Machtausübung zu haben und die Dosierung zu kennen.
- Orientierung anzubieten.
- den Willen zu haben, die Jungs nicht bloßzustellen.
- den Willen zu haben, sie nicht zu entwürdigen.

Bei allem Vorgehen ist es wichtig, nicht zu moralisieren und keine Schuld zuzuweisen. Nicht der Junge soll bewertet werden, sondern die Sache.

Selbst ein Vorbild sein!

Es ist wichtig, darüber nachzudenken, ob man als Mitarbeiterin/Mitarbeiter auch selbst ein Vorbild und authentisch ist. Wenn Jungs merken, dass die Mitarbeitenden die eigenen Regeln, die sie ihnen geben, oder auch die Regeln, die andere an sie selbst richten, nicht einhalten, sind sie wenig authentisch.

Ernsthaft, konsequent und gerecht sein!

Der Sinn von Grenzen und Regeln ist, eine klare Linie aufzuzeigen, wie weit die Jungs gehen können. Folgt auf eine Grenzüberschreitung keine Konsequenz, so kann die Grenze von ihnen nur schwer erkannt und einsortiert werden. Sie werden dann immer wieder diese Grenzlinie suchen und Grenzen abtasten. Die Situation findet so kein Ende.

Konsequenzen sollten weniger eine Strafe, sondern eine logische und ernsthafte Folge sein. Wichtig ist, dass sie immer im Kontext zur Überschreitung stehen. Man sollte unbedingt überprüfen, ob die eigene Reaktion auch angemessen ist: Geschieht sie emotional oder in Wut und Zorn? Jungs achten darauf, ob die Reaktionen gerecht sind. Dabei geht es auch um das Maß der Konsequenzen: Sind sie unverhältnismäßig und übertrieben oder sind sie der Situation angepasst?

Klar kommunizieren und ein klares Auftreten haben!

Es gilt, die Grenzen und Regeln klar, verständlich und eindeutig zu formulieren und auszusprechen. Was sagt man wie? Wird man gehört? Schwammige und unklare Aussagen verlaufen ins Leere. Man sollte prüfen, ob der Blickkontakt zum Jungen hergestellt ist, wie klar und selbstbewusst die eigene Stimme klingt und sich das eigene Auftreten gestaltet.

Gemeinsame und partnerschaftlich getroffene Absprachen sind in den meisten Fällen tragfähiger und sinnvoller als einseitig gesetzte Grenzen und Regeln. Dabei hilft es, wenn sie begründet werden. Bleibt man mit dem Jungen im Gespräch, dann ist das eigene Auftreten weniger dominant.

Achtung: Man darf sich nicht in Diskussionen oder Verhandlungen verzetteln! Irgendwann wird dann eine klare Ansage notwendig.

Und nicht vergessen:
Das Lob über Gelungenes ist ganz wichtig!

STEFAN KAISER

EINE SPANNENDE VERKÜNDIGUNG

„Ist es wirklich notwendig, im Bereich der Verkündigung für Jungs andere Methoden anzuwenden als für Mädchen? Gott hat doch die Möglichkeit, alle anzusprechen!" Dies ist wohl eine der am meisten diskutierten Fragen.

Verkündigung für Kinder in der Bibel

Ein Blick in die Bibel zeigt, wie wichtig eine Verkündigung für Kinder ist und wie sie schon damals mit unterschiedlichen Methoden umgesetzt wurde. Einige dieser Methoden sind gerade für Jungs wichtig.

Gottes Ideen, Wünsche und Ziele fürs Leben

Wenn man sich mit der Bibel beschäftigt, sind Gottes großartige Wünsche zu entdecken. Ein bedeutender Ausdruck seiner Liebe sind seine Ziele. Jedes Kind soll Gott, den Vater, und seinen Sohn Jesus Christus kennenlernen (1. Tim 2,4). Es darf sich von ihm gewollt und geliebt wissen. Die Kinder sollen die Möglichkeit haben, Inhalte des Evangeliums zu hören und Lebenshilfe kennenzulernen. Das Hören des Evangeliums wird zur Herzenssache, indem das Kind eine persönliche Glaubensbeziehung mit Jesus knüpft. Auf der Stufe seines Entwicklungsstandes kann es in seinem Alltag mit Jesus leben (Ps 78,7; Joh 3,16).

Verkündigungsmethoden in der Bibel

Gott, der Schöpfer und somit der perfekte Pädagoge, gab praktische Hilfestellungen, mit welchen Methoden Jungs und Mädchen seine Geschichten und Lehren am besten aufnehmen können. Eltern und Großeltern wurden beauftragt, ihre Nachkommen zu prägen (Ps 78,1-8). Während des Tagesablaufs, egal ob zu Hause oder unterwegs, ob im Sitzen oder in Bewegung (!), sprachen sie ihre Kinder an (5. Mose 6,7-9). Mit allen Sinnen (Hören, Sehen, Riechen usw.) nahm die ganze Familie beim Feiern der einzelnen Handlungen des Passahfestes Gottes Wesen und Handeln wahr

(5. Mose 16,1-8). Jesus erzählte den Menschen Geschichten, gab Beispiele und Vergleiche. Da die Kinder am Alltagsleben ihrer Eltern teilnahmen, waren ihnen die Vergleichsbilder und Praxisbeispiele in seinen Reden vertraut. Durch Berührung erlebten schon die Kleinen die Liebe Jesu (Mk 10,16).

„Sender" und „Empfänger"

Auf der einen Seite macht Gottes Wort deutlich, dass es allein auf Gottes Gnade ankommt, ohne sie ist alles umsonst. Methoden und Kreativität können noch so perfekt sein und dennoch interessiert sich eine Person vielleicht nicht für den Glauben. Denn allein durch das Wirken des Heiligen Geistes kann ein Mensch erkennen, wer Jesus ist und dass er ihn braucht (Mt 16,16.17; 1. Thess 1,4.5a).

Andererseits: Jede Informationstechnikerin und jeder Informationstechniker ist abhängig von den physikalischen Gesetzen eines Sendegeräts (Sender) und eines Empfangsgeräts (Empfänger). Mit diesem Wissen entwickeln und bauen sie die Apparate. Für das Dasein der Elektrizität sind sie nicht verantwortlich. Sie sagen nicht: „Es ist eigentlich nicht wichtig, wie ich das Sendegerät aufbaue!"

Mitarbeitende „senden" an die Jungs eine wichtige Nachricht. Ist das Sendegerät, wenn von Gott und Jesus erzählt wird, aber auch wirklich auf das „Empfangsgerät" der Jungs eingestellt? Es ist die Aufgabe der Mitarbeitenden, die Sendemethode so zu gestalten, dass den unterschiedlichen Empfängern geholfen wird, sich auf Gottes einzigartige Nachricht einzustellen. Es ist jedoch nicht die Verantwortung der Mitarbeitenden, das Herz der Empfänger zu verändern. Gott selbst übernimmt diese Aufgabe.

Allgemeine Orientierungshilfen

Wenn man Jungs fragt, was sie in Gruppenstunden begeistert, wird meistens deutlich, was ihnen gefällt und was nicht: Sie wollen, dass vor ihren Augen „etwas passiert". Ihrem Wesen entsprechend benötigen sie etwas, das zischt, kracht, raucht und in Bewegung ist, etwas, bei dem sie auch mal mitmachen dürfen. Die Inhalte der Verkündigung bleiben eher hängen, wenn es zwischendurch auch laut und fröhlich sein darf. Besonders Jungs sehnen sich nach einem

Kontakt mit den Urelementen Wasser, Erde, Feuer und Luft. Wenn ein Junge durch einen besonderen Effekt innerhalb eines Programms überrascht wird, fällt es ihm leichter, sich in die Dynamik einer Gruppe einzubringen. Er ist begeistert, wenn er selbst etwas verstanden, geschafft und gelöst hat.

Als „Warmup" kann hier eine freie Spielzeit oder ein Bewegungsspiel helfen, überschüssige Energie abzubauen und sich auf die „Bibelzeit" einzulassen.

Auf der Suche nach einem Highlight in der Gruppenstunde wird einem der Unterschied zwischen Mädchen und Jungs noch einmal deutlich: Die meisten Mädchen fühlen sich schon wohl, wenn sie nur ein Kerzenlicht wahrnehmen. Sie freuen sich an der kuscheligen Atmosphäre. Jungs reizt das Kerzenlicht und das Wachs, um damit zu experimentieren. Doch man kann auch Wege finden, wie beide, Jungs und Mädchen, begeistert sind: Fast alle Kinder sind fasziniert, wenn sie das lebendige Feuer in einer Grillschale oder am Lagerfeuer erleben. Es lohnt sich, sich auf die Suche nach solchen Highlights zu machen.

Wichtiger aber noch als jedes Highlight ist für einen Jungen die Beziehung. Ein Junge braucht ein reiches Maß an Anerkennung. Diese erkennt er z. B., wenn er mit Namen angesprochen wird und spürt, dass er einem wichtig ist. Nach Möglichkeit sollte man immer wieder mit den Jungs Seite an Seite gemeinsam etwas machen, z. B. etwas bauen oder experimentieren. So kann man echte Beziehungen aufbauen und häufig tiefe Gespräche führen. In einer Atmosphäre, die von positiven Beziehungen geprägt ist, hören Jungs gern den Geschichten aus der Bibel zu. Wie eine gewinnbringende Beziehung aufgebaut werden kann, wird in dem Kapitel „Ein echtes Gegenüber" entfaltet.

Wissensvermittlung

Für manches Kind wird in einem christlichen Kindertreff die erste Begegnung mit Gott und der Bibel möglich. Das Wissen um die Charaktereigenschaften Gottes und die Inhalte der Bibel können seinen Glauben stärken.

Aus der Lernbiologie weiß man, wie viel ein Mensch von Inhalten im Gedächtnis behält, je nachdem, wie sie ihm zugänglich gemacht werden (vgl. Becker, Nicole: Die neurowissenschaftliche Herausforderung der Pädagogik, Abb. 11, Verlag Julius Klinkhardt, Bad Heilbrunn 2006, 154):

- 10%, wenn sie nur gelesen werden.
- 20%, wenn sie nur gehört werden.
- 30%, wenn sie nur gesehen werden.
- 50%, wenn sie nur gehört und gesehen werden.
- 70%, wenn sie ausgesprochen werden.
- 90%, wenn sie getan werden.

Man kann ruhig mal einen Selbsttest hierzu wagen: „Was weiß ich noch von der letzten Predigt, die ich gehört habe?"

Aus der Praxis

Die hier vorgestellten und in der Praxis erprobten Verkündigungsmethoden werden von Jungs immer wieder auffallend positiv aufgenommen. Dabei sind alle auch sehr gut für Mädchen anwendbar. Wenn also im folgenden Teil von „Jungs" gesprochen wird, heißt das nicht, dass Mädchen nicht auch Freude an diesen Methoden haben können. Gerade für die gemischtgeschlechtlichen Gruppen können die folgenden Verkündigungsmethoden eine große Hilfe sein.
Es ist sinnvoll, alle Vorschläge je nach Zeitfenster und Örtlichkeit auszuprobieren und anzupassen. Dabei sollte einem bewusst sein, dass sich jedes Kind, Junge wie Mädchen, individuell entwickelt und unterschiedliche Bedürfnisse hat und auch jede Gruppe unterschiedlich ist.

Im Anhang befindet sich eine Liste empfehlenswerter Bücher und Materialhilfen, gerade auch zum Thema Verkündigung (s. Kapitel „Empfohlene Literatur").

Abenteuergeschichten aus der Bibel

Wer hört nicht gern zu, wenn er sich in einer Erzählung selbst wiederfindet? Eifersucht, Ängste, Streit, Betrug, Hass und Versöhnung beeinflussen den Alltag von Esau und Jakob. Die „Helden" David und Paulus vertrauen Gott, müssen sich aber ständig mit Problemen und Lebensgefahren auseinandersetzen. Solche Abenteuergeschichten lassen erkennen, dass Gott nicht unbedingt alle unsere Schwierigkeiten wegnimmt, doch uns hindurchhilft. Ebenso beliebt sind Geschichten von Kindern aus aller Welt (Weltmission) oder aus dem Alltag von Kindern.

Aktions- und Sachthemen

Bestimmte Aktions- und Sachthemen können gut mit biblischen Geschichten oder geistlichen Inhalten verknüpft und so vielseitig dargestellt werden. Dies ist besonders ab der dritten Klasse eine gute Möglichkeit, vereinfacht aber sogar schon im Kindergartenalter machbar.

- Dazu eigenen sich Zeitepochen wie die Steinzeit (Garten Eden bis zum Turmbau zu Babel), das Ägyptische Reich (Abraham und Sara, Josef, Mose, Flüchtlingskind Jesus), die Römerzeit (Jesus, Paulus) sowie das Mittelalter (Martin Luther). Verkleidungen, Handwerk und der Lebensalltag motivieren, in das Umfeld der biblischen Inhalte oder in geistliche Themen, wie z. B. die Reformation, einzutauchen.
- Die naturwissenschaftlichen Bereiche Unterwasserwelt (Noah, Durchzug durch das Schilfmeer, Jona), Weltraum (Schöpfung, Sterndeuter aus dem Osten) oder Wüste (Volk Israel) docken an die Wissbegierde und den Forscherdrang der Jungs an.
- Auch technische Berufsfelder wecken Neugier und Interesse von Jungs. Hier wären Themen möglich wie Feuerwehr („Jesus der Feuerwehrmann"), Eisenbahn („Bei Jesus einsteigen") oder Flugzeuge („Die Navigation durch das Wort Gottes").

Archäologie und Wissenschaft

Biblische Geschichten kann man gut in Verbindung mit Fotos oder Filmen zu archäologischen Ausgrabungen und Originalschauplätzen erzählen (z. B. der Tunnel Hiskias, die Synagoge, der Teich

Bethesda in Jerusalem). Beim Erzählen einer Geschichte von Jesus in Kapernaum könnte man z. B. ein Bild des Hauses der Familie des Petrus zeigen.

Audiovisuelle Medien

Sind das dieselben Jungs, die eben noch wild herumgerannt sind und nicht ruhig wurden? Nun schauen sie alle gebannt in eine Richtung, genauer gesagt auf einen Bildschirm. Videoclips wirken fast schon „magnetisch". Bilder oder kurze Filmsequenzen der Bibel, nachgestellt mit LEGO® oder Playmobil®, können Begeisterungsrufe auslösen. Aus dem Internet holen Jungs, häufig über Videos, ihr Fachwissen über z. B. Fußball oder Computerspiele. Warum in einer Gruppenstunde nicht selbst einmal Videos zu einem bestimmten Thema (z. B. aus der Bibel oder dem Alltag der Jungs) drehen und diese hinterher gemeinsam anschauen?

Man kann auch eine gemeinsame Computerspiele-Zeit mit Vätern und Söhnen planen – dem Alter der Jungs angepasst. Solche Aktionen sind für alle Generationen ein Highlight. Für ältere Jungs eignet sich z. B. das Quizspiel „Wer wird Biblionär®" (www.hillschmidt.de/quiz, letzter Zugriff am 02.03.2018)

Wichtig: Bei der Vorführung von Filmen und auch der Nutzung von Inhalten aus dem Internet muss immer auf die rechtlichen Bestimmungen sowie auf die Altersfreigabe geachtet werden. Auch sollte man bei Filmen die Länge im Blick behalten.

Bauen

Jungs basteln meistens nicht so gern mit Schere, Papier und Klebstoff, sondern werken und bauen viel lieber mit anderen Materialien (s. Kapitel „Werken statt basteln").

- Während der Erzählung bauen alle in Teamarbeit Szene für Szene mit Holzbausteinen oder Parkettklötzen z. B. die Arche Noah, den Turm zu Babel, die Burg Davids oder die Stadtmauer von Jerusalem auf. Die Mauer von Jericho kann hinterher sogar zerstört werden. Gut geeignet sind hierfür auch kleine, gleichgroße Kartons.

- Die Szenen von Bibelgeschichten aus dem Alten und Neuen Testament werden von Jungs im Kindergartenalter gern mit LEGO®DUPLO® nachgebaut. Jungs im Schulalter bauen kreativ mit LEGO® und Playmobil®.
- Eine Gruppe älterer Jungs packt einen alten Metallbaukasten aus. Sie bauen Lochbleche, Lochbänder, Winkel aus Stahl, Achsen und Zahnräder mittels Metallschrauben und Muttern mit passendem Schraubendreher und Maulschlüssel – entweder frei erfundenen oder nach Vorlage zusammen. Mögliche Andachten könnten sein:
  » Die Gruppe plant gemeinsam ein Projekt und schaut dann, ob alle Teile da sind („Ich bin Gottes Modell", „Alle sind wichtig").
  » Die Gruppe baut ein Konstrukt mit einem stabilen Rahmen. Der ist nötig, damit das Modell nicht wackelt („Die wichtigen Dinge des Lebens").
  » Die Gruppe baut ein Modell, das aus festen Verbindung zwischen Schrauben und Muttern besteht („Unsere Beziehung zu Jesus").
- Besonders für jüngere Jungs mit ADHS ist es hilfreich, wenn sie während des Erzählens mit Knete Elemente der Geschichte formen dürfen.

Bibel lesen

Für Jungs ab der dritten Klasse und die Mitarbeitenden kann es gewinnbringend sein, als „Schatzsucher auf Entdeckertour" in der Bibel unterwegs zu sein. Denn das Entdecken von „geistlichen Schätzen" prägt die Glaubensentwicklung. Dabei ist es normal, dass Jungs langsamer lesen als Mädchen. Trotzdem benötigt eine Jungs-Kleingruppe zum Lesen und Austauschen meistens nur 5-10 Minuten, die Mädchen dagegen schon mal 20 Minuten, da sie häufiger an einem intensiveren Gespräch interessiert sind. Sind ältere Jungs mit einem Mitarbeiter unter sich, reden sie eher auch über ihre Probleme.

Verschiedene Tätigkeiten können dabei helfen, sich mit dem Bibeltext auseinanderzusetzen:

- Beim Lesen des Textes können die Jungs bei bestimmten Wortwiederholungen die Worte laut rufen.
- Ein großer Würfel wird reihum gegeben und jeder würfelt einmal. Die Seitenflächen sind mit Impulsen beklebt (z. B. „Das verstehe ich nicht!", „Das finde ich gut!", „Das entdecke ich über Gott!", „Das habe ich erlebt!", „Das will ich beten!", „Das will ich mir merken!"). Wer möchte, kann zum erwürfelten Impuls etwas sagen.
- Dieselben Impulse können auch auf Kärtchen geschrieben werden, um damit verschiedene Kartenspiele zu entwickeln und gemeinsam zu spielen. Ein Spiel im Stil von Memory® oder HalliGalli® unterstützt das Bibellesen. Die Spielregeln müssen nicht verbissen durchgehalten werden. Es geht darum, ins Gespräch zu kommen.

Biografien

Jungs finden sich in den Stärken und Schwächen von Abraham, Josef, Josua, Gideon, David oder Paulus wieder. Hierbei erleben sie mit, wie Menschen nicht nur Glaubenshelden waren, sondern auch versagten. Gottes Liebe, Treue und Heiligkeit leuchten an unterschiedlichen Stellen auf. Beim Kennenlernen von Biografien wird zudem deutlich, dass wir Gottes Handeln häufig weder verstehen noch erklären können. Die Begeisterung und Spannung der Jungs kann wachsen, wenn eine abenteuerliche Szene beendet und beim nächsten Treffen weitererzählt wird. Passendes Bildmaterial unterstützt ihre Aufmerksamkeit.

Ein besonderes Event ist es, wenn ein Vater oder Großvater, jemand mit einem für Jungs spannenden Beruf (z. B. Polizist, Sportler) oder ein Missionar eingeladen wird und aus seinem persönlichen Glaubensleben erzählt.

Bildmaterial

Gerade Bilder können das Erzählen unterstützen, sodass Jungs gespannt zuhören:

- In Kleingruppen wirken auf jüngere Jungs die Handlungen eines biblischen Pop-up-Buches häufig überraschend und beeindruckend.
- Dem Alter der Teilnehmenden entsprechend können Szenenbilder mit Flanell- oder Haftklebebilder an der Flanelltafel entwickelt oder Bildkarten gezeigt werden. Ansprechend für Jungs ist, dass bei diesen beiden Methoden „etwas passiert und in Bewegung ist".
- Die Arbeit an einem Sketchboard gewinnt die Aufmerksamkeit von Jungs besonders dann, wenn Auffälligkeiten zu entdecken sind. Man darf sich ruhig außergewöhnliche Kreativaktionen einfallen lassen. Da können z. B. Pop-up-Bilder entstehen, wenn auf dem Sketchboard die Tür eines Hauses geöffnet wird. Oder man versteckt zuvor Tücher hinter der Papierfläche. Wenn König Hiskia den Tempel aufräumen lässt (2. Chr 29), zieht man diese aus der „geöffneten Tempeltür". Auf jedem Tuch ist mit einem Stift ein Teil des Gerümpels aufgemalt.
- Während eine Bibelgeschichte erzählt wird, dürfen je Szene Symbolbilder auf dem Boden sortiert werden.

Erlebnisorientiert im Freien

- Für ein Spiel quer durch den Ort werden verschiedene Stationen der Ich-bin-Worte Jesu vorbereitet. Die Gruppe (evtl. kann es helfen, Kleingruppen zu bilden) durchwandert das Gebiet mithilfe eines Plans und fotografiert die gefundenen Gegenstände, Bilder oder Personen. An den Stationen wird über den Sinn der einzelnen Vergleichsbilder gesprochen:
  » Auf das „Brot des Lebens" (Joh 6,35) weist ein Brotlaib in einer Bäckerei hin.
  » Das „Licht der Welt" (Joh 8,12) kann eine Straßenlaterne verdeutlichen.
  » Das Vergleichsbild der „Tür" (Joh 10,9) macht eine Gemeindehaus-, Kirchen- oder Gartenzauntür deutlich.
  » Der „gute Hirte" (Joh 10,11) könnte eine verkleidete Person sein.
  » Auf einem Friedhof wird auf die „Auferstehung und das Leben" (Joh 11,25) hingewiesen.

» Der „Weg" (Joh 14,6) kann eine Straße zu einem bestimmten Ziel sein. Das „Leben" erklärt eine Hasenmutter mit ihren Jungen oder eine Henne mit ihren Küken auf einem Privatgrundstück.

» „Weinstock und Rebe" (Joh 15,5) sind in einem Garten oder an einer Hauswand zu entdecken oder mithilfe von Efeuranken oder einem Baum zu erklären.

- Draußen im Gelände können die Handlungen einer Bibelgeschichte unvergesslich nacherlebt werden. Die Erzählerin / der Erzähler kann sich z. B. als Mose verkleiden, die Kinder sind das Volk. Mose führt nun das Volk erzählend und anleitend durch die „Wüste". Jeder israelitische Stamm baut mit einfachen Mitteln sein Zelt auf und ab, zieht weiter, erlebt Hunger und Durst, findet Manna (Kekse) auf dem Boden usw. Eine biblische „Hunger und Durst"-Geschichte kann in den Ablauf einer Freizeit erlebnispädagogisch integriert und so die Rettung Gottes beim Auffinden von Wasser und Nahrung nachempfunden werden.

- Man veranstaltet eine Schatzsuche im Freien. Die biblische Geschichte wird als Fortsetzungsgeschichte in das Spiel integriert und an jeder Station ein Stück weitererzählt. Das weckt die Neugierde bei den Jungs.

- Die vier Freunde, die ihren gehbehinderten Freund zu Jesus bringen möchten (Mk 2,1-12), bauen (evtl. mit Unterstützung) gemeinsam eine Trage aus Holz und Stoff. Damit wird der Freund zu einem Haus geschleppt. Vielleicht ist es sogar möglich, eine Dachterrasse zu erklettern.

- Durch die reale Herstellung von Ziegelsteinen aus Lehm kann getestet werden, dass der Turmbau zu Babel tatsächlich möglich war.

- Die Gruppe baut gemeinsam mit Steinen einen Altar. Darauf wird Fleisch gelegt und mithilfe von Spiritus verbrannt. Eine alttestamentliche Altarszene kann sich somit unvergesslich in die Erinnerung einbrennen. Unbedingt auf einen Sicherheitsabstand achten.

- Eine Freizeit mit älteren Jungs könnte ohne feste Bibelzeiten geplant werden. Dafür wird eine Andacht oder der biblische Input in den Tagesablauf integriert:

» Bei einem Geländespiel entdecken die Teilnehmenden den „Schatz im Acker", hören das biblische Gleichnis und sprechen über die Bedeutung.

» Beim Bogenschießen wird erklärt, wie wir durch unsere Sünde Gottes Ziel verfehlen. Oder man spricht über die Tatsache, dass jeder Mensch ein Volltreffer der Schöpfung Gottes ist.

Erzählerinnen und Erzähler

Das Erzählen in Ich-Form kann helfen, die Spannung während der Szenen noch besser zu formulieren und die Dramatik vor „Augen zu malen". Dazu kann man sich mit einem Gewand verkleiden oder einfach nur eine passende Kopfbedeckung tragen. Wichtig ist hierbei die Frage, wo und wie eine Überraschung in der Erzählung möglich ist. Die Jungs haben ein feines Gespür für Authentizität. Wenn diese gegeben ist, darf man auch ruhig den Mut zu flippiger Kleidung haben. Dabei geht es nicht darum, eine Show zu veranstalten, sondern die Botschaft soll mit Leidenschaft vermittelt werden. Hinter dem Einsatz von Stimme und Körper sollte viel Power stecken. Spannendes, kraftvolles sowie dramatisches Erzählen kommt bei Jungs immer gut an. Und in einer humorvollen Atmosphäre fühlen sich nicht nur Jungs wohl.

Evangelium kreativ und aktiv erklären

Wenn es möglich ist, sollte man einzelne Jungs und die Gesamtgruppe methodisch mit einbeziehen. Hier zwei Beispiele für Jungs ab sieben Jahren:

• Eine Szene innerhalb einer Bibel-, Kirchen-, Missionsgeschichte oder aus der Gegenwart zeigt auf, dass Menschen gern Gutes tun wollen, dennoch oft falsch handeln. Man fühlt sich wie gefangen. Eine freiwillige Person stellt sich vor die Gruppe und bekommt Handschellen angelegt. Das Schloss schnappt zu. Miteinander wird überlegt, welche unsichtbaren „Handschellen" gefangen halten (z. B. Angst, Mutlosigkeit, aus einer Lüge entwickelt sich eine Lügenkette). Wie kann die gefangene Person befreit werden? Jesus ist wie ein Schlüssel, der unschuldig die Todesstrafe aushielt und von Gott vom Tod befreit wurde. Deshalb kann er uns von der Sünde befreien. Eine zweite freiwillige Person aus der Gruppe öffnet mit einem passenden Schlüssel die Handschellen. Weitere Szenen der Erzählung sollten erklären, wie die Hauptperson ihre Befreiung erlebt und wie diese in der Alltagspraxis deutlich wird.

• Die Gruppe baut aus LEGO® oder Playmobil® eine Burg. So wird deutlich: Gott ist wie eine Burg und Jesus wie eine Tür, der es allen ermöglicht, in die Burg zu Gott hineinzukommen. Nun erhalten alle Teilnehmenden eine Spielfigur und dürfen diese in die Burg hineinstellen. Auf ein Papierstück, das sich leicht zerknüllen lässt, können sie ihre Probleme schreiben, die sie „angreifen". Dann wird das Papier zu einer Kanonenkugel zusammengeknüllt. Alle dürfen ihre „Kanonenkugel" auf die Burg werfen. Zuvor muss klar darauf hingewiesen werden, an welcher Stelle die Werfenden stehen. So wird deutlich: Die eigene Spielfigur bleibt in der Burg geschützt. Zwar werden auch die Menschen mit Schwierigkeiten bombardiert, die an Jesus glauben, doch wer Gott vertraut, „in Gott" ist, der ist nicht allein.

Experimente und Trickkünste

Experimente und Trickkünste sind eine tolle Möglichkeit, gerade älteren Jungs die gute Nachricht zu vermitteln: Auf diese Weise wird das natürliche naturwissenschaftliche Interesse der Jungs miteinbezogen und sie können selbst etwas ausprobieren. Zudem ist die Aktion ein Überraschungseffekt im Programm. Damit die Experimente und Tricks ein Erfolg werden, müssen sie vorher von den Mitarbeitenden unbedingt mehrmals ausprobiert werden. Hier einige Beispiele:

• **Gott ist heilig. Das Experiment mit der Colaflasche:** Eine Flasche wird zur Hälfte mit Cola (ohne Kohlensäure) und zur anderen Hälfte mit Babyöl gefüllt. Beim kräftigen Schütteln scheint es, als mischten sich Cola und Öl. Doch nach kurzer Zeit wird klar: Sie stoßen sich voneinander ab. Gott ist heilig. Gott ist so heilig und rein, dass die Sünde einfach abgestoßen wird, sie passt nicht zu Gottes Heiligkeit.

- **Die Gemeinschaft einer Gemeinde. Das Experiment mit den Wunderkerzen:** Eine Mitarbeiterin / ein Mitarbeiter zündet eine Wunderkerze an, steckt diese in ein Wasserglas, sodass sie erlischt und überlegt laut: „Was kann ich tun, damit eine brennende Wunderkerze unter Wasser weiterhin brennen kann?" Es werden Dreiergruppen gebildet und jede erhält zehn Wunderkerzen, Klebeband, eine Schere und ein dickwandiges Glas (z. B. Einmachglas) mit Wasser gefüllt. Jede Gruppe sammelt Ideen und sucht nach einer Lösung.

  Lösung: Man umwickelt die zehn Wunderkerzen straff mit dem Klebeband. Wichtig ist, dass die Spitzen eng aneinander liegen und an der Spitze ein halber Zentimeter frei bleibt. Im verdunkelten Raum wirkt dann das eigentliche Experiment besonders gut. Ein geistlicher Vergleichspunkt kann anschließend gemeinsam gesucht werden (z. B. der Glaube an Jesus kann am besten innerhalb einer verbindlichen christlichen Gemeinschaft durchhalten).

- **Vergebung. Das Experiment mit der Pyrowatte:** Auf einem Tisch stehen zwei umgedrehte Tassen. Auf der linken Tasse liegt ein normaler Wattebausch. Ein vorher an der Luft getrocknetes gleich geformtes Stück Pyrowatte liegt auf der rechten Tasse. Pyrowatte verletzt nicht und verbrennt im Bruchteil einer Sekunde. Trotzdem sollte man immer vorsichtig sein, wenn etwas mit Feuer gemacht wird.

  Mit einem Feuerzeug wird die normale Watte angezündet. Es stinkt und raucht. Was geschieht, wenn wir vergeben? Wir schaffen es nicht, komplett zu vergeben. Ein älterer Junge kann nun die Pyrowatte anzünden. Sie verbrennt sofort. Wird Gott um Vergebung gebeten, dann vergibt er sofort und ohne Rückstände. Als Beispielgeschichte kann man das Gleichnis vom unbarmherzigen Knecht erzählen und Gottes Vergebung gegenüberstellen (Mt 18,23-35; 1. Joh 1,9).

Frage-Antwort-Gespräche

Welche Fragen haben die Jungs selbst an den Text aus der Bibel? An einer Plakatwand können alle, die möchten, ihre Fragen aufschreiben oder aufschreiben lassen. In der Gruppe oder in Kleingruppen wird über mögliche Lösungen der Fragen gesprochen. Die Mitarbeitenden lernen damit das Denken, die Gefühle, das Umfeld und die Glaubensvorstellungen der Jungs kennen und dürfen an ihren Aha-Erlebnissen teilhaben.

Gebetsformen

Gott wünscht sich, mit den Jungs durch die Bibel und die Andachten zu reden. Hier zwei außergewöhnliche Formen, wie Jungs auf ihre Weise antworten können:

- **Fußballgebet:** Nach jedem Tor wird für ein Mannschaftsmitglied gebetet. Das Spiel ist aus, wenn für alle gebetet wurde. Nach demselben Prinzip können auch andere beliebte Mannschaftsspiele gespielt werden. Oder die Regel lautet: „Für eine Person aus der Mannschaft, die 1 Punkt gemacht hat, wird von der Mannschaft, die den Punkt verloren hat, gebetet.
- **„Matsch"-Gebet:** Alle dürfen aus Ton oder „Matsch"-Erde ein Gebilde formen. Während des Modellierens sind alle eingeladen, leise mit Gott über den Gegenstand (z. B. Baum, Tier, Futtertrog/Wiege oder offenes Grab Jesu) zu reden. Zum Abschluss können noch alle, die möchten, Gott laut danken oder bitten.

Gegenstände

Gegenstände können eine biblische Erzählung greifbar machen und so die Aufmerksamkeit von Jungs erhöhen.

- Innerhalb der Erzählung werden Gegenstände gezeigt, die das Geschehen verdeutlichen. Die Schriftrolle, die Baruch beschrieben hat, fängt z. B. in einer Feuerschale Feuer und verbrennt (Jer 36). Oder David nimmt seine Hirtentasche und steckt fünf Steine hinein (1. Sam 17).
- Figuren von LEGO® oder Playmobil® können das Erzählen unterstützen.
- Biblische Inhalte werden mit Gegenständen erklärt: Eine Taschenlampe leuchtet mit Batterien, genauso kann ein Christ in der Welt leuchten, sobald Jesus, die Batterie, in sein Leben gekommen ist.

- Während die Geschichte über die Speisung der Fünftausend (Mt 14,13-21) erzählt wird, dürfen alle Teilnehmenden ihren Bauch mit einem Fischbrötchen füllen.
- Gegenstände, die Jungs spannend finden, werden als Giveaway mitgegeben. Möglich wäre eine kleine Dinosaurierfigur, die in einer Wasserbombe in Wasser eingefroren wurde (Schöpfung) oder ein Hammer, der an den Merkvers erinnern soll, dass Gottes Wort einem Hammer gleicht (Jer 23,29).

Merkverse spielerisch einprägen

Ein Bibelvers kann immer wieder Mut schenken. Doch häufig ist es nicht so leicht, ihn sich zu merken.

Verschiedene Methoden können dabei helfen:

- Ähnlich einem Ping-Pong-Spiel sprechen immer zwei Gruppen abwechselnd ein Wort des Verses. Der „Ball" fliegt somit immer hin und her.
- Es werden zwei Gruppen gebildet und jeder ein Motiv (z. B. Auto, Ball) zugeordnet. Im ganzen Haus oder auf dem Gelände sind Karten mit den Gruppenmotiven versteckt. Auf jeder Karte steht zusätzlich ein Wort des Bibelverses. Die Gruppen müssen so schnell wie möglich alle ihre Karten finden und den Vers richtig zusammenstellen. Welche Gruppe ist am schnellsten?
- Der Bibelvers wird als Rap gesungen. Jungs macht es zudem Spaß, in Kleingruppen selbst einen Rap zu entwickeln und das Ergebnis im Plenum vorzustellen.

Mitarbeitenden-Assistent

Einzelne Jungs unterstützen die Mitarbeitenden. Eine Möglichkeit wäre, dass ein älterer Junge aus der Gruppe die Technik übernehmen kann. Er bedient während der Präsentation den Laptop. Ein anderer ist vielleicht im Musikteam und spielt Cajón, Schlagzeug oder ein anderes Instrument.

Mitmachgeschichten

Viel Spaß macht es, beim Erzählen von bekannten Bibelgeschichten passende Bewegungen oder Aktionen wie kurze Spieleinheiten einzubauen, die die Handlung der Erzählung unterstützen.

(Für mehr Informtionen s. Kapitel „Viel Bewegung und Action").

Die Zachäusgeschichte (Lk 19,1-10) zum Mitmachen

Diese zusammengefasste Programmeinheit ist ein Beispiel für eine Mitmachgeschichte für Fünf- bis Neunjährige.

Am besten werden mehrere Kleingruppen gebildet. Eine Erzählerin / ein Erzähler führt durch die Geschichte und übernimmt die Leitung der Spiele.

Spiel: Durch die Reihen werden Münzen gegeben, die die Kleingruppen zählen müssen.

Erzählerin/Erzähler: „Ein Zollbeamter zählte sein Geld. Er hatte viel Geld, weil er den Menschen immer ein wenig mehr abnahm, als er eigentlich durfte. Da hörte er eine Nachricht."

Spiel: Jede Kleingruppe gibt per „Stille Post" die Nachricht „Jesus kommt zu uns!" weiter.

Erzählerin/Erzähler: „Der Zollbeamte, sein Name war Zachäus, wollte Jesus auch sehen, hatte aber ein Problem."

Rollenspiel: Die Größeren stellen sich vor die Kleineren. Diese versuchen, durch die Menschenwand durchzukommen.

Erzählerin/Erzähler: „Da stieg Zachäus einfach auf einen Baum mit kurzem Stamm."

Rollenspiel: Alle Teilnehmenden stellen sich auf ihren Stuhl und werden aufgefordert: „Stell dir vor, viele Menschen schauen dich an. Hättest du den Mut, vor allen runterzusteigen und mit Jesus mitzugehen?"

Erzählerin/Erzähler: „Zachäus hatte den Mut, hinabzusteigen und mit Jesus in sein Haus zu gehen."

Rollenspiel: Eine Kleingruppe zeigt mit den Fingern auf die andere und tuschelt: „Habt ihr gesehen? Jesus geht zu dem da?"

Erzählerin/Erzähler: „Zachäus stellte fest: ‚Jesus hat sich nicht geschämt, zu mir zu kommen.' Da gab er seine Fehler zu. Jesus antwortete: ‚Genau deshalb bin ich gekommen, um Menschen wie dich zu suchen. Ich habe alles dafür getan, damit du zur Familie Gottes gehören kannst.'"

Spiel: Eine Kleingruppe verteilt im Raum eine größere Anzahl von Schlüsseln (evtl. aus Karton hergestellt) oder Herzformen, die andere Kleingruppe schaut zu und muss anschließend so schnell wie möglich die Gegenstände suchen und einsammeln. Danach wird die Aufgabe getauscht.

Erzählerin/Erzähler: „Zachäus hatte sich entschieden: ‚Jesus ist in mein Haus gekommen und ich darf jetzt zu ihm gehören. Deshalb will ich nun zu den anderen gehen!'"

Rollenspiel: Die Erzählerin / der Erzähler geht in der Rolle des Zachäus zu jedem Kind, entschuldigt sich und schenkt ihm zwei oder mehr Münzen: „Weil Jesus zu mir gekommen ist, will ich mich nun bei dir entschuldigen."

Werkarbeit: Alle Teilnehmenden können einen Schlüsselanhänger, ein Türschild oder ein Schlüsselbrett aus Holz herstellen. Im gemeinsamen Gespräch kann verdeutlicht werden, wie Jesus zu uns kommen und bei uns wohnen möchte.

Weitere Ideen für Mitmachgeschichten

- Dem Alter entsprechend machen alle die passenden Bewegungen an ihrem Platz oder rufen den entsprechenden Satz. Gemeinsam können bei der Geschichte von Jona z. B. Regen, Sturm, Blitz und Donner dargestellt werden.

- Einzelne Jungs werden während des Erzählens der biblischen Geschichte als Statisten mit einbezogen und erhalten einen Auftrag. Eine Möglichkeit wäre, vorher Zettel mit Schlüsselwörtern zu verteilen. Die betreffenden Jungs müssen, wenn ihr Wort genannt wird, eine vorher abgemachte Handlung machen (z. B. rufen oder aufstehen).
- Wird in der Erzählung eine alltagsrelevante Situation geschildert, stoppt man an der entsprechenden Stelle und stellt die Frage: „Wie würdet ihr jetzt handeln?" Im Rollenspiel spielen einige der Teilnehmenden die Szene zu Ende.

Spieleinheit

Während des Erzählens kann an einer passenden Stelle mit einem Überraschungsspiel die Erzählhandlung unterbrochen werden. Beispielsweise könnte man für die Geschichte, in der Hiskia den Tempel aufräumen ließ (2. Chr 29), im Raum viele Tischtennisbälle verteilen. Einige Jungs erhalten jeweils einen Staubsauger. Sie haben die Aufgabe, den Staubsauger anzuschalten und mithilfe des Staubsaugerrohrs einen kleinen Ball anzusaugen und ihn in einem Behälter abzulegen. Jeder soll versuchen, so viele Bälle wie möglich einzusammeln. Solche Spiele entsprechen genau den Bedürfnissen von vielen Jungs, denn es findet für die Teilnehmenden überraschend statt, sie werden aktiv, die Handlungen sind lustig und laut. Außerdem stehen sie in einer Wettkampfsituation. Hiskias Leute hätten bestimmt auch mit einem Staubsauger gearbeitet, wenn es ihn damals gegeben hätte.

Unterwegs im Haus

Gerade bei schlechtem Wetter kann man auch mal das ganze Haus nutzen und sich nicht nur auf einen Raum beschränken.

- In verschiedenen Räumen, Ecken und Fluren werden Stationen der Karfreitags- und Ostergeschichte aufgebaut. Mitarbeitende erzählen verkleidet vor einem passenden Hintergrund jeweils eine Szene.
- Lebens- und Reisestationen von Abraham, Josef, David, Jona oder Paulus können so veranschaulicht werden.

Wettbewerbe und Wiederholungsquiz

Jungs sind motivierter und konzentrierter, wenn man ankündigt, dass es nach der Erzählung ein Quiz geben wird (z. B. nach dem Prinzip von „1, 2 oder 3").

CHRISTINE MAIER
IN ZUSAMMENARBEIT MIT TEILNEHMENDEN DER AMK

SINGEN – GANZ ANDERS

Das Singen mit Jungs ist eine Herausforderung! Immer wieder kommt die Rückmeldung von Mitarbeitenden, dass Jungs einfach nicht mitsingen wollen, stören und unmotiviert herumstehen. Das Resultat ist dann oft, dass man Jungs irgendwie mit „durchschleppt" oder das Singen ganz weglässt.

Warum Singen für Jungs wichtig ist

In jedem Land und in jeder Kultur sind Kinder in einem Phänomen gleich: Sie lieben Musik. Man kann davon ausgehen, dass jedes Kind eine gewisse Musikalität als eine menschliche Grundausstattung besitzt.

Erst mit zunehmendem Alter, fortschreitender Entwicklung und unterschiedlichen Einflüssen verändert sich die Einstellung bei Jungs zum Thema Singen in bestimmten Kontexten, nicht aber grundsätzlich zum Thema Musik. Wie oft erlebt man es, dass Jungs unter Vorwand fadenscheiniger Argumente nicht mitsingen, aber sämtliche Fußballsongs auswendig können!

Singen hat eine nachhaltige Bedeutung für Jungs, sodass es sich lohnt, Kraft, Geduld und Zeit dafür aufzubringen. Neben dem religiösen Aspekt, dass das Singen mit Jungs ihr geistliches Wachstum fördern kann, steht der entwicklungspsychologische Aspekt: Musik festigt die Persönlichkeit (vgl. Bastian, Hans Günther: (Musik)Erziehung und ihre Wirkung. Eine Langzeitstudie an Berliner Grundschulen, Schott Musik International, Mainz [3]2002)!

Es ist wichtig, sich selbst zu fragen, wie perfektionistisch das Singen der Jungs für einen selbst wirklich sein muss? Die Aufgabe der Mitarbeitenden ist es nämlich, Brummer, Schulhofsirenen und Stadiongröler zu ermutigen und zu loben. Besonders dann, wenn Mädchen viel besser singen können.

Singen verbindet Jungs in Gruppen

Das gemeinsame Singen verbindet. Genauso wie in einem Fußball-stadion eine Vereinshymne Tausende Menschen miteinander ver-binden kann, so fördert auch das Singen mit Jungs das „Wir-Gefühl" und schweißt zusammen.

Wenn viele Methoden in der Arbeit mit Kindern den Charakter von Kräftemessen oder Wettkampf haben, so merken Jungs beim Sin-gen, dass sie etwas gemeinsam bewegen können.

Singen unterstützt das Erinnern

Das „melodische Gedächtnis" ermöglicht es, das Gehörte länger zu behalten oder gar leichter auswendig zu lernen. Viele Jungs können textlastigen Themeneinheiten oft nicht mit der notwendigen Auf-merksamkeit folgen. Wenn ein Lied passend zum Thema der Grup-penstunde ausgesucht wird, kann das Erlernte so länger im Gedächtnis bleiben.

Singen spricht eine andere Sinnesebene an

Jungs sind in der Schule und in den Kindergruppen eher einseitig kognitiv gefordert. Das Gehörte spricht dann oft nur eine Sinnes-ebene an. Das Singen hingegen spricht das Herz und die emotio-nale Ebene des Jungen an. Die vermittelten Inhalte werden mit Liedern anders erlebbar und erfahrbar gemacht und so tiefer im Bewusstsein verankert.

Singen drückt Unaussprechliches aus

Singen ist eine gute Möglichkeit, Jungs und ihren Anliegen ganz bewusst eine Stimme zu geben, die anders nicht ausgedrückt wer-den können. Musik, ob passiv oder aktiv, hilft, Gefühle auf eine ganz eigene Weise auszuleben. Mit Liedern können z. B. Wut, Unsi-cherheit oder Ängste abgebaut werden.

Oft haben Jungs ein Problem damit, sich in den „normalen" Liedern stilistisch und textlich wiederzufinden. Viele stehen auf Rap. Warum ihnen nicht mal die Möglichkeit geben, zu einem Beat einen Sprech-gesang zu gestalten, der z. B. ihrer Wut über etwas Ausdruck gibt.

Was das Singen mit Jungs erleichtert

Es gibt kein Erfolgsrezept. Oft gilt es, Ideen und Methoden einfach auszuprobieren und dann die Erfahrungen im Team zu reflektieren. Folgende drei Aspekte können eine Hilfe zum Weiterdenken sein:

Einsatz von kreativen Methoden

Es macht Sinn, mal anders zu singen, als es weitläufig üblich ist. Warum nicht experimentieren und Neues wagen?

Man könnte ...

- die Jungs Percussion- und Schlaginstrumente spielen lassen.
- ein verrücktes Spaß- und Bewegungslied mit ihnen singen.
- Die Jungs zu einer CD mit einer coolen Band singen lassen, anstatt immer zur Gitarre oder zum Klavier.
- mit ihnen spielerische Gesangswettbewerbe veranstalten (z. B. „Echo-Singen": die Leitung singt etwas vor, die Jungs dürfen brüllend zurücksingen).

Männliche Vorbilder

Oft kann man in der Arbeit mit Kindern beobachten, dass der männliche Teil der Mitarbeitenden nicht mitsingt und auch die Bewegungen nicht mitmacht. Es ist so unendlich wichtig, dass Männer für Jungs eine Vorbildfunktion einnehmen. Männer gehören beim Singen nach vorn, wo sie von allen gesehen werden.

Orientierung an der Lebenswelt der Jungs

Ist die Art der Musik bekannt, die die Jungs der eigenen Gruppe hören? Es ist für die Arbeit mit Jungs sehr wichtig, sich mit ihrer Lebenswelt auseinanderzusetzen. Warum in der Gruppe nicht einmal über ihre Musik sprechen?
Es gibt so viele Musiker und Bands mit wirklich guten Texten, die man in der Gruppenstunde einsetzen oder gar dazu singen kann (z. B. „Auf uns" von A. Bourani). Oft ist das der erste Schritt auf dem Weg zum Singen in der Gruppe mit Jungs.

STEFAN KAISER

VIEL BEWEGUNG UND ACTION

Gerade Jungs im Grundschulalter haben oft einen höheren Bewegungsdrang als Mädchen und lieben körperliches Kräftemessen und Wettkämpfe. Wobei natürlich die Mädchen genauso Bewegung brauchen. Viele Kinder bewegen sich aber viel zu wenig. Morgens sitzen sie in der Schule, dann bei den Hausaufgaben, danach vor der Spielekonsole, dem Smartphone oder dem Fernseher. Die heutigen Kinder bewegen sich viel weniger als noch vor zwanzig oder dreißig Jahren. Darum ist es immer gut, im Kinderprogramm genügend Bewegung durch Tobespiele und fetzige Bewegungslieder (s. Kapitel „Singen – ganz anders") einzuplanen.

Warum Bewegung wichtig ist

Bewegung hilft gegen Anspannung und Stress. Sie baut Stresshormone ab, senkt die Produktion von Adrenalin und sorgt für die Ausschüttung der körpereigenen Glücksstoffe, der Endorphine. Bewegung verbessert die Durchblutung der Muskeln und auch des Gehirns. Außerdem werden bei stärkerer Bewegung bestimmte Hirnzentren beansprucht, die in direktem Austausch mit dem Sprachzentrum und dem Arbeitsgedächtnis stehen. Durch Bewegung können sich die Kinder also besser konzentrieren und das Gehörte besser merken. (www.bit.ly/2k4KzHe, letzter Zugriff am 02.03.2018).

Außerdem macht Bewegung Spaß! Vor allem Jungs wollen coole Aktionen, Nervenkitzel und Abenteuer. Und das sollten sie auch in den Kinderprogrammen erleben. Darum ist es gut, in jedes Kinderprogramm auch Bewegung einzuplanen, damit die Jungs umso besser mit den vorbereiteten Inhalten erreicht werden können.

Bewegung gut planen

Selbst wenn in Räumen kein Platz zum Toben oder die Zeit der eigentlichen Gruppenstunde viel zu kurz ist, sollte man Bewegungszeiten einplanen. Bei einem regelmäßigen Angebot können die Teilnehmenden, die wollen, früher kommen und vor dem Programm einfach Fußball spielen. Sie brauchen nur einen Ball. Es ist auch nicht schlimm, wenn man mit ihnen die „klassischen" Spiele wie Fangen oder Verstecken spielt. Hauptsache sie bewegen sich vorher draußen. Oder man baut kurze Bewegungselemente ein (z. B. „Wer kann in 1 Minute am meisten zappeln?").

Damit Bewegungsangebote aufgrund fehlender Planung nicht zum Chaos führen, ist es wichtig, alle Aktionen und Spiele vorher gut zu durchdenken:

- Wann kommt welche Aktion oder welches Spiel?
- Wie wird die Aktion / das Spiel eingeführt und erklärt?
- Welches Material wird gebraucht?
- Wie kann man alles schnell auf- und abbauen?
- Gibt es Verletzungsgefahren, die vermeidbar sind (scharfe Kanten, Gegenstände, glatter Boden)?
- Wie können die Teilnehmenden hinterher wieder zur Ruhe kommen?

Einführung der Aktion / des Spiels

„Wir spielen jetzt ein Spiel!" Dieser Satz motiviert Jungs oft nicht. Lieber sollte man sagen: „Wir probieren jetzt etwas aus. Wir machen eine Aktion oder einen Versuch." Bei Versprechungen (z. B. „Wir machen jetzt etwas, das richtig abgeht!") sollte man darauf achten, dass die Aktion / das Spiel dann auch wirklich „abgeht" und es nicht bei einem leeren Versprechen bleibt. Noch besser ist es, die Aktion / das Spiel in das Gesamtthema des Programmes zu integrieren oder mit einer kurzen Geschichte einzuführen. Bei den Spielen sollte man zu Beginn klare und einfache Regeln geben. Im Spielverlauf können oft noch Ergänzungen eingebracht werden. In der ersten Runde gibt es z. B. nur einen Fänger, der die anderen fangen soll. Wer gefangen wurde, setzt sich auf den Boden. Wenn schon einige sitzen, kommt die Regel hinzu, dass die noch nicht gefangenen Kinder die am Boden sitzenden befreien können, indem sie ihnen eine Hand auf den Kopf legen und einmal um das Kind herumlaufen. Im weiteren Verlauf könnte dann auch noch ein weiteres Kind als Fänger dazukommen.

Nach der Aktion / dem Spiel

Nach der Bewegungszeit sollen die Teilnehmenden zur Ruhe kommen. Dies ist besonders für Jungs eine Herausforderung. Durch ein Lied, ein immer gleiches Ritual (z. B. ein akustischer Ton, eine Liedzeile, eine Aktion) oder ein überraschendes Element, je nach Gruppensituation und Alter, kann die Aufmerksamkeit dann leicht auf die Geschichte oder andere Inhalte gelenkt werden.

Damit der Übergang zwischen Action und Geschichte nicht zu groß und die dann nötige Aufmerksamkeit höher ist, kann Bewegung mit der biblischen Geschichte verknüpft werden, indem sie zusammen mit den Teilnehmenden gespielt wird. Unbekannte Geschichten kann man gemeinsam spielerisch erarbeiten. Dazu gehören natürlich Aktionen wie springen, rufen, suchen, Angst haben, stark sein. Manchmal kann auch ein gemeinsames Spiel in die Geschichte integriert werden, das den Kindern, Jungs und Mädchen, hilft, die Gefühle der in der Geschichte vorkommenden Personen besser zu verstehen, oder einfach nur der Auflockerung dient. Es können auch vorher Stichworte bestimmt werden, bei denen alle bestimmte Bewegungen oder Geräusche machen (auch als Wettkampf möglich).

Bei bekannten Geschichten kann man die Geschichte gemeinsam im ganzen Raum nachspielen. Die Rollen werden verteilt und alle bekommen Tücher oder andere Verkleidung. Entweder spielen die Teilnehmenden nur nach, was erzählt wird oder sie wiederholen die wörtliche Rede der von ihnen gespielten Person.

(Für weitere Anregungen und Praxisbeispiele s. Kapitel „Eine spannende Verkündigung".)

Ideen für Bewegungsspiele

Ideensammlungen im Internet

Im Internet gibt es viele verschiedene Seiten mit Spielideen für drinnen und draußen, in kleinen und großen Räumen, für kleine und große Gruppen. Dort findet man aufwendige coole Geländespiele, aber auch kurze, einfach durchzuführende Kreisspiele.

- www.spieledatenbank.de (letzter Zugriff am 02.03.2018)
- www.spielefuerviele.de (letzter Zugriff am 02.03.2018)
- www.spielewiki.org (letzter Zugriff am 02.03.2018)
- www.spielkartei.de (letzter Zugriff am 02.03.2018)
- www.gruppenspiele-hits.de (letzter Zugriff am 02.03.2018)
- www.kikisweb.de (letzter Zugriff am 02.03.2018)

Unter bestimmten Schlagworten (z. B. Spielen mit kleinen Gruppen) findet man noch mehr Internetseiten.

Jugger und Funny-Fighting®

Richtig cool sind die Spiele „Jugger" (www.jugger.de, letzter Zugriff am 02.03.2018) und für Jüngere (und natürlich auch Ältere) Funny-Fighting® (www.funny-fighting.de, letzter Zugriff am 02.03.2018), bei denen spielerisch nach Regeln Kämpfe ausgetragen werden. Allerdings braucht man dafür einiges Material, sodass höhere Kosten entstehen können.

Bewegungsspiele ohne Material

Es ist immer gut, ein paar Spiele im Kopf zu haben, die spontan durchführbar sind.

Lehmann sagt

Die Spielleitung gibt Anweisungen und macht diese auch selbst vor. Alle anderen dürfen es nur nachmachen, wenn die Spielleitung „Lehmann sagt" vor die Anweisung gesetzt hat. Heißt es „Lehmann sagt: ‚Aufstehen!'", müssen alle aufstehen. Heißt es aber nur „Hinsetzen!" (ohne „Lehmann sagt" davor) und die Spielleitung setzt sich hin, müssen alle stehen bleiben. Wer einen Fehler macht, scheidet aus oder darf der neue „Lehmann" sein. Wird mit Ausscheiden gespielt, ist es gut, wenn die Spielleitung das letzte Kommando noch einmal mit „Lehmann sagt" wiederholt und dann weitermacht. Das Kommando kann auch gut dem jeweiligen Thema angepasst werden (z. B. „Paulus sagt", „König sagt").

Anstell-Tick

Es werden Zweierteams gebildet, die sich im Raum verteilen. Zwei Kinder sind jeweils Fänger und Gejagter. Tickt der Fänger den Gejagten an, so werden sofort die Rollen getauscht. Der Gejagte kann sich aber in Sicherheit bringen, indem er sich bei einem Team anstellt. Dann wird das Kind, das auf der anderen Seite steht, zum neuen Fänger.

Super Mike

Die Spielleitung erklärt die Kommandos mit den dazugehörigen Bewegungen. Alle haben drei Leben.

- Vorwärts = Laufen
- Hüpfen = Hüpfen
- Ducken = in die Knie gehen
- Kämpfen A = Boxen
- Kämpfen B = Treten
- Gegenstand = Bücken und Aufheben
- Rechts = nach rechts drehen
- Links = nach links drehen

Dann startet die Spielleitung den 1. Level und gibt immer das entsprechende Kommando. Alle machen zusammen die Bewegungen. Mit jedem Level wird die Geschwindigkeit gesteigert. Wer einen Fehler macht, verliert ein Leben. Wer bleibt am Ende übrig?

Hahnenkampf

Jeweils zwei Kinder hüpfen auf einem Bein und haben die Arme überkreuzt. Sie versuchen nun, sich mit dem Oberkörper so zu schubsen, dass das andere Kind aus dem Gleichgewicht kommt und sein gehobenes Bein auf den Boden setzen muss.

FRANK FREDRICH

WERKEN STATT BASTELN

Jungs lieben es, mit Werkzeug und interessantem Material zu arbeiten. Oft schauen sie Erwachsenen interessiert zu, wenn diese mit tollen Maschinen Material sägen oder schrauben. In vielen Gruppenstunden hingegen kommt das nicht oft vor, dort wird eher mit Papier, Kleber und Schere gebastelt. Aber: Basteln ist nicht mit Werken zu verwechseln! Handwerken ist die „männliche" Alternative zum Basteln.

Kleine und große Projekte umsetzen

Oft scheitern handwerkliche Projekte, weil es an Mitarbeitenden mit Wissen und Erfahrung fehlt, die einen mutigen Schritt zu großen, lauten und dreckigen Projekten starten. Das sollte aber nicht der Grund dafür sein, keine handwerklichen Projekte durchzuführen.

Es gibt zwei Lösungswege. Man wählt ...

- kleine Projekte mit einfachem und überschaubarem Werkzeug und Material.
- anspruchsvolle Projekte, zu denen man Experten einlädt.

Voraussetzungen

Raum, Werkzeuge und Arbeitskleidung

Die wichtigste Voraussetzung ist der Raum selbst, in dem gewerkelt werden soll. Sinnvoll ist es, einen Raum zu wählen, der dreckig werden darf. Daneben ist gutes Werkzeug und die Kenntnis über den Umgang damit wichtig. Billiges Werkzeug ist nicht immer ideal, jedoch für einige Projekte ausreichend. Oft kann man auch mal auf eine Werkzeugsammlung bei den Eltern der Jungs zurückgreifen. Stabile und unempfindliche Tische (Werkbänke) wären ideal. Nicht zuletzt ist auch Arbeitskleidung oder alte strapazierfähige Kleidung wichtig, um später Ärger mit den Eltern zu vermeiden.

Sicherheit geht vor

Im Umgang mit Werkzeugen muss man immer besonders auf Sicherheit achten. Es sollten immer genügend Handschuhe und Schutzbrillen vorhanden sein. Bei Nutzung von elektrischen oder gefährlichen Werkzeugen müssen genügend Mitarbeitende anwesend sein, die helfen können. Arbeitsplatz und Raum sollten übersichtlich sein und genügend Platz haben. Alle Werkmaterialien müssen immer gut an den Tischen (z. B. durch Schraubzwingen) befestigt werden. Die Tische müssen sicher stehen und sollten, je nach Größe der Teilnehmenden, eine gute Arbeitshöhe haben.

Material

Bei kleineren Projekten macht es Sinn, wenn es einen Materialraum gibt, in dem immer etwas zum Werkeln vorhanden ist. Toll ist es, wenn man einen Schrank zur Verfügung hat, in dem Holzplatten, Draht, Schrauben, Nägel, Werkzeug usw. übersichtlich verstaut sind. Material muss nicht immer teuer sein. Einfach im Baumarkt anfragen, ob es kostenlose Holzreste gibt, oder man fragt bei einem Schrottplatz nach Metall für ein Upcycling-Projekt. In der Regel sind Eltern, besonders die Väter, dazu bereit, Material aus ihren Firmen oder Hobbywerkstätten zur Verfügung zu stellen.

Erwachsene sehen und arbeiten anders

Es ist sehr wichtig, dass die Jungs viel Freiraum entwickeln und damit ganz andere Wege als Erwachsene gehen dürfen. Die eigenen oft so perfektionistischen Ansprüche darf man nicht an die Jungs und ihr Werkstück ansetzen. Auch der Weg bis zur Fertigstellung kann ein ganz anderer sein, als man es sich vorgestellt hat.

Jüngere Jungs wählen oft einen experimentellen Weg und probieren Materialien und Werkzeuge aus. Am Ende macht die Fantasie der Jungs etwas zu einem besonderen Original, das vielleicht nicht so ist, wie man es selbst gemacht hätte. Ältere Jungs entwickeln da schon mehr Ehrgeiz. Wird Älteren die richtige Nutzung von Werkzeugen gezeigt, lässt es sich für sie einfacher und kraftsparender am Werkstück arbeiten. Wichtig ist, egal wie alt der Junge ist: Er darf und soll es selbst machen!

Auch das Arbeitstempo ist vom Alter, von der Begabung und der Erfahrung abhängig. Die Teilnehmenden sollen ihr eigenes Tempo entwickeln dürfen, Hauptsache sie haben Spaß. Das erfordert von den Mitarbeitenden jedoch einen großzügigen Zeitplan und viel Geduld. Am besten ist es, wenn man immer noch etwas für diejenigen in der Hinterhand hat, die schneller fertig sind.

Profis über die Schulter schauen

Ein guter Tipp ist es, dass man vor oder nach dem Werken eventuell mal eine komplette Gruppenstunde investiert, um einen Handwerksbetrieb oder eine Fabrik zu besuchen. Jungs sind oft technikverliebt und haben ein großes Interesse daran, zu sehen und zu erleben, wie etwas hergestellt wird.

Beispiele für coole Projekte

Kleinere Projekte

(ohne großen Werkzeug- und Materialaufwand)

- Nagelbretter bauen
- Löffelschnitzen
- Laubsägearbeiten
- Lederarbeiten
- Roboter aus alten Computerteilen oder anderen elektronischen Geräten bauen
- Brandmalerei mit Lötkolben/Brennpeter
- Kunstprojekte
- Specksteinschnitzen

Größere Projekte

(etwas mehr Werkzeug- und Zeitaufwand)

- Baumhaus bauen
- Trapperstuhl bauen
- Raketenofen bauen
- T-Shirt-Siebdruck
- Jugger-Ausrüstung herstellen

Am Ende steht das Lob

Man sollte die Jungs immer wieder in besonderer Weise loben und ermutigen und ihnen Anerkennung geben. Wichtig hierbei ist ein ehrliches Interesse, auch wenn das entstandene Objekt nicht den eigenen Maßstäben entspricht.

STEFAN KAISER

MÄNNLICHE VORBILDER

Gibt es sie oder gibt es sie nicht? Die Männer in unseren Gruppen, die alles können? Männer mit Beziehungsstärke? Die brauchen wir gar nicht! Wir brauchen Mitarbeiter mit Herz und mit dem Anliegen, Jungs zu prägen.
Übrigens gilt das natürlich auch für Mitarbeiterinnen.

Die Mitarbeitenden (allgemein)

Die Kinder, Jungs und Mädchen, brauchen Mitarbeitende, die mit ganzem Herzen Jesus nachfolgen. Denn woher soll sonst die Motivation kommen?
Aber gerade Jungs brauchen Mitarbeitende mit einer großen Liebe zu Gott und den Menschen, denn sonst könnte es sein, dass die Begegnung mit manchen von ihnen umso mehr herausfordert.
Mitarbeitende sollten gottgeprägte Persönlichkeiten sein, die eine Kirche oder Gemeinde als feste Basis und Korrektiv haben. Soziale Stärken wie Einfühlungsvermögen, Flexibilität und Echtheit sind wichtig und eigentlich eine automatische Folge, wenn man Jesus nachfolgt. Sie sind Vorbilder im Reden und Leben. Jungs schauen sehr stark darauf, ob das eigene Leben mit dem übereinstimmt, was man redet.

Der Mitarbeiter

Wenn wir über eine christliche Gruppenstunde nachdenken, lohnt es sich, einen Blick auf diejenigen zu werfen, die Jesus damals als seine Mitarbeitenden ausgesucht hat. Es waren die Normalos und es waren in seiner Kerngruppe, kulturell bedingt, Männer.
Petrus ließ sich herausfordern, aus dem Boot zu steigen und Jesus zu vertrauen, nahm aber auch einige Fettnäpfchen mit. Er war ein engagierter Mitarbeiter mit Fehlern. Nathanael und Thomas waren die Zweifler. Auch Mitarbeiter kennen die Zeiten des Zweifelns. Johannes hatte eine gute Beziehung zu Jesus und war eine prä-

gende Persönlichkeit im Team. Gruppen benötigen Menschen genau wie Johannes.

Alle diese Männer haben die frühe Kirchengeschichte geprägt und ihren Glauben offensiv gelebt. Sie sind zu Vorbildern für viele Jungs und Männer geworden. Ein Timotheus brauchte als junger Mann Paulus als Vorbild, um in seinem Glauben zu wachsen.

Also was hindert Männer daran, mutig, engagiert, nicht fehlerlos, erklärungsbedürftig, aber auch treu, gewissenhaft, lernbegierig und immer nah bei Jesus für Jungs da zu sein? Eigentlich nichts!

Für Männer ist es häufig einfacher, das Leben und die Bedürfnisse von Jungs zu verstehen. Und Jungs brauchen „männliche Spiegel", Männer, die echt sind, nichts vorspielen und bei allem Toben und Wildsein auch Verletzlichkeit zeigen können.

Natürlich gibt es auch Mitarbeiterinnen, die genau die Sprache der Jungs sprechen und mit ihnen wilde Aktionen machen. Und das ist absolut wertvoll. Aber das ersetzt nicht die Wichtigkeit eines männlichen Vorbildes für Jungs.

Engagiert in seiner Aufgabe

Männer haben selbst die vielfältigen Lebensaufgaben ihres eigenen Geschlechts zu bewältigen, weswegen es ihnen häufig leichter fällt, Jungs zu begegnen und dies auch als ihre Aufgabe zu sehen. Doch leider ist durch Beruf und/oder Familiensituation oftmals der Blick für die Arbeit mit Jungs verlorengegangen. Es ist nötig, dass im christlichen Kontext das Anliegen wieder stärker in den Mittelpunkt gerückt wird.

Engagierte Männer, die Neues wagen, mit den Jungs an Grenzen gehen und mit wenigen Worten klare Grenzen und Regeln aufzeigen, sind für Gruppen wichtig!

Dazu gehört auch, mal über den eigenen Schatten zu springen und bei Bewegungsliedern mitzumachen, anzufangen zu gestalten und schon als junger Kerl eine Andacht durchzuführen. Der Mitarbeiter muss in dieser Situation eventuell seinen Stolz und seine Scheu überwinden, kann damit aber ein begeisterndes Vorbild für die Jungs der Gruppe sein.

Engagiert in einem Team

Wie gut, dass jeder Mensch unterschiedlich ist und Teams sich ergänzen können. Jedes Geschlecht prägt ein Gruppenstundenteam. Die Mitarbeiter brauchen die Mitarbeiterinnen (und umgekehrt) auch in Bezug auf Jungs, damit z. B. das Mitgefühl in der Gruppe nicht ganz untergeht. Selbst der härteste Junge braucht auch Atmosphäre und Gemütlichkeit, damit bestimmte Inhalte vermittelt werden können. Das fällt den Mitarbeiterinnen häufig leichter. Genauso können diese von den Mitarbeitern lernen, dass man den Jungs auch etwas zutrauen muss und sie nicht gleich Angst wegen der Verletzungsgefahr haben müssen, wenn diese z. B. mit lauten Maschinen arbeiten.

Dinge, die einem Mitarbeiter eher schwerfallen, können in einem Team ergänzt bzw. gelernt werden: manchem fällt z. B. Kritik schwer, weil sie auf seinen Stolz trifft. Damit eine ehrliche Atmosphäre entsteht, sollten Mitarbeiter lernen, ihre Gefühle auszusprechen und auszudrücken.

Engagierte Mitarbeiter sind wichtig, weil sie Verantwortung übernehmen und manche Dinge auf der Sachebene abhandeln, die bei den Mitarbeiterinnen häufiger eine hohe Emotionalität hervorrufen. In Krisensituationen kommt automatisch der „Beschützer" im Mann hervor, der auf das Team aufpasst.

Gott hat diese Unterschiedlichkeiten so gemacht und gewollt, also nutzen wir sie auch!

Gesucht: Männer im Mitarbeiterteam

Männer im Mitarbeiterteam haben Seltenheitswert, obwohl es viel Potenzial in den Kirchen und Gemeinden gibt. Die entscheidende Frage ist: Wie gewinnt man Männer für das Mitarbeiterteam?

Eine Möglichkeit wäre, sie konkret zu fragen. Mit der Frage: „Könntest du dir vielleicht vorstellen, uns bei der wirklich guten Jungschararbeit zu unterstützen?" kommt man allerdings häufig nicht weit. Besser wäre es zu fragen: „Kannst du uns in der Jungschar helfen? Wir können uns vorstellen, dass du folgende Aufgaben übernimmst."

Die Generation, die der Jungschar entwachsen ist, könnte als „Mini-Mitarbeiter" starten. Diese Jungs sind den Teilnehmenden am nächsten und verstehen deren Welt. Sie kennen die Abläufe und das System der Gruppe. Hierfür braucht es den Mut des bestehenden Teams, Fehler auszuhalten, neue Wege zu gehen oder sich Kritik gefallen zu lassen. Durch Begleitung bekommen wir in unseren Teams sehr wertvolle Mitarbeiter. Also traut euch!

Denn Männer werden gerade in den Gruppenstunden für Kinder benötigt. Jesus ist das beste Vorbild. Er hat sich als Mann und Rabbi um die Kinder gekümmert, die zu ihm kommen wollten.

Jungs und Mädchen in diesem Alter sind neugierig, stellen viele Fragen über Gott, Jesus und die Welt. Mitarbeiterinnen und Mitarbeiter haben die Chance, ihnen Antworten zu geben, auch indem sie Vorbild sind. Und wenn gerade die Männer für die Jungs aller Altersgruppen ein Vorbild sind, wird aus unseren Kirchen und Gemeinden eine mutige und authentische Generation entstehen, die ihren Glauben mündig lebt. Diese Jungs werden wieder zu Vorbildern für andere. Jede Altersgruppe (Kinder, Teens, Jugend, Gemeinde) braucht männliche und weibliche Mitarbeitende. Alles andere ist zu kurz gedacht.

(Mehr Hintergründe s. Kapitel „... in der Gemeinde".)

TORSTEN WITTENBURG

ANHANG

EMPFOHLENE LITERATUR

Pädagogik
Krause, Ingo: Herausforderung Familie in einer sich wandelnden Gesellschaft, Christliche Verlagsgesellschaft, Dillenburg 2017

Stundenentwürfe
AKJS Arbeitskreis Jungschar: Mittendrin. Mitarbeiterzeitschrift für Jungschar- und Teenagerarbeit, Christliche Verlagsgesellschaft, Dillenburg

Bibellesebund BLB, Bund Freier evangelischer Gemeinden FeG, Forum Wiedenest, Arbeitsgemeinschaft der Brüdergemeinden AG (Hg.): seveneleven. Mitarbeiterheft 7–11 Jahre, SCM Bundes-Verlag, Witten.

Deutscher EC-Verband: JuMat. JUngscharMATerial, BORN-Verlag, Kassel

Ev. Jugendwerk in Württemberg: Jungscharleiter. Impulse für die Arbeit mit Kindern, buch+musik, Stuttgart

Gnadauer Verband: KiMat. Das Mitarbeiterheft für die Arbeit mit 5- bis 9-jährigen Kindern in Kindergottesdienst und Kinderstunde, Gnadauer Verlag, Kassel

Eine spannende Verkündigung
AKJS Arbeitskreis Jungschar: Andachten zum Anfassen 1 + 2, Jungschar-Verlag, Bergisch Gladbach 2006/2008

Karcher, Florian / Konstantinidis, Vassili / Krumm, Birte (Hg.): Film und Verkündigung KIDS. Mit Kinderhelden vom Glauben erzählen, buch+musik, Stuttgart 2016

KEB-Deutschland: Missionsgeschichten, www.keb-de.org (letzter Zugriff am 02.03.2018)

Kretzschmar, Thomas: Ausprobiert – Gott entdeckt. Andachten mit erstaunlichen Experimenten für Kinder ab 8 Jahren, Born, Kassel, Band 1 [3]2014 / Band 2 2016

Kühn, Andrea: So ein Ding. 80 Andachten mit Gegenständen für Kinder ab 8 Jahren, buch+musik, Stuttgart, Band 1 [4]2018 / Band 2 2018

May, Christopher: Farbe bekennen. Zeig was du denkst!, buch+musik, Stuttgart 2015

Metz, Heiko (Hg.): Bausteine staunen. Kleine Baumeister entdecken Gottes große Welt, buch+musik, Stuttgart 2015

Sinn, Mika / Widmaier, Carolin: Sketchboard: malend erzählen. Grundlagen, Praxis und Geschichten zum Tafelzeichnen, buch+musik, Stuttgart [2]2018

Sinn, Mika: Wortzeichnen. Mit Symbolen und Bildern erzählen, buch+musik, Stuttgart 2018

Viel Bewegung und Action

Götz, Birgit: Ab geht die Post! 500 Spiele zu 55 (NT) bzw. 50 (AT) biblischen Geschichten als fix und fertige Gruppenstunden mit Kindern von 8 bis 12 Jahren, buch+musik, Stuttgart, Band AT 2018 / Band NT [3]2018

Singen – ganz anders

Klee, Tobias: BUMM! KLACK! TSCH! – Rhythmus kreativ! Methoden und Praxisübungen zum Musizieren mit Alltagsgegenständen, Verlag an der Ruhr, Mülheim 2009

Werken statt basteln

Reinhardt, Andrea: Jungs machen Kunst. Originelle Kunst-Projekte, die auch „echte Kerle" motivieren, Verlag an der Ruhr, Mülheim 2010

DAS AUTORENTEAM

Christine Maier ist verheiratet und als Religionspädagogin und Kinderreferentin beim Ev. Gemeinschaftsverband in der Pfalz tätig. Besonders mag sie Kindern das Evangelium kreativ erklären und mit ihnen in Entdeckerclubs die Bibel lesen. Als Mutter von zwei erwachsenen Töchtern beschäftigt sie die Fragen: Was brauchen die Jungs in unseren unterschiedlichen Kinder- und Jungschargruppen? Was kann ich als Mitarbeiterin tun, um ihnen einen Zugang zu biblischen Inhalten aufzubauen?

Stefan Kaiser ist verheiratet und als Sozial- und Erlebnispädagoge und für die hessischen EC-Landesverbände als Jugendbildungsreferent tätig (www.ecja.de, www.ec-rms.de, www.echn.de). Er hat besonders viel Freude beim Werkeln, kreativen Gestalten und Experimentieren mit ungewöhnlichen Dingen, sodass er immer wieder die Aufmerksamkeit von Jungs auf sich zieht. Vor einigen Jahren hat er die Pfadfinderarbeit im EC mitgegründet, um u. a. den Jungs eine Plattform zu geben.

Frank Fredrich ist verheiratet und hat zwei erwachsene Kinder. Er ist Kinderreferent im „Ein Zuhause für Kinder" der Ev. St. Matthäus Gemeinde in Bremen. Seine Hauptaufgaben sind die vier Kindergottesdienste am Sonntag und die Pfadfinderarbeit der Gemeinde. Frank ist Leiter der Kinderallianz Bremen. Jeder Junge ist etwas ganz Besonderes und wertvoll. Es lohnt sich, in ihn zu investieren, seine Fähigkeiten zu entdecken und ihm ein Zuhause in der Gemeinde zu geben.

Ingo Krause ist Schulleiter der August-Hermann-Francke-Gesamtschule in Detmold. Er unterrichtet die Fächer Mathematik, Wirtschaft und Informatik. Viele Jahre hat er sich in der ehrenamtlichen Jungschararbeit seiner Gemeinde eingebracht mit dem Schwerpunkt „Jungenjungschar". Er ist verheiratet, hat vier Kinder. Als Referent ist er in unterschiedlichen Gemeinden, auf Tagungen und Konferenzen unterwegs.

Pascal Wilking ist Diplom- und Frühpädagoge und seit 2017 für die Protestantische Landeskirche der Pfalz tätig. Zuvor arbeitete er als Jugendreferent im Otto-Riethmüller-Haus im Herzen der Pfalz. Seine Arbeitsschwerpunkte sind Jugendarbeit und Mitarbeiterschulungen, sein Herzensanliegen sind aber Kinder und die Arbeit mit Jungs, besonders mit den aktiven und auffälligen.

Torsten Wittenburg ist Kinder- und Jugendreferent bei der Barmer Zeltmission e. V. im Bereich „Life-is-more" und beim AKJS (Arbeitskreis Jungschar). Beides sind Arbeitsbereiche der Brüdergemeinden in Deutschland. Er ist verheiratet und hat zwei Kinder. Jeder Junge wird irgendwann einmal Familienvater, Chef, Angestellter, Gemeindemitarbeiter oder was auch immer sein. Deshalb braucht es ein Buch wie dieses, das Mitarbeitenden weiterhilft, die zukünftige Generation christuszentriert zu prägen.